TRAÇÃO E RESULTADO

CARO(A) LEITOR(A),
Queremos saber sua opinião
sobre nossos livros.
Após a leitura, siga-nos no
linkedin.com/company/editora-gente,
no TikTok **@editoragente**
e no Instagram **@editoragente,**
e visite-nos no site
www.editoragente.com.br.
Cadastre-se e contribua com
sugestões, críticas ou elogios.

PAULO TENORIO

CEO E FUNDADOR DA TRAKTO

TRAÇÃO E RESULTADO

COMO TRANSFORMAR IDEIAS EM

NEGÓCIOS INCRÍVEIS

MESMO SE LASCANDO

Gente
editora

Diretora
Rosely Boschini

Gerente Editorial Sênior
Rosângela de Araujo Pinheiro Barbosa

Editora
Rafaella Carrilho

Assistente Editorial
Camila Gabarrão

Produção Gráfica
Leandro Kulaif

Edição de texto
Cavalo-Marinho Estúdio Criativo

Preparação
Franciane Batagin Ribeiro

Capa
Plinio Ricca

Projeto Gráfico e Diagramação
Márcia Matos

Revisão
Débora Spanamberg Wink

Impressão
Gráfica Assahi

Copyright © 2024 by Paulo Tenorio
Todos os direitos desta edição
são reservados à Editora Gente.
Rua Deputado Lacerda
Franco, 300 – Pinheiros
São Paulo, SP – CEP 05418-000
Telefone: (11) 3670-2500
Site: www.editoragente.com.br
E-mail: gente@editoragente.com.br

Dados Internacionais de Catalogação na Publicação (CIP)
Angélica Ilacqua CRB-8/7057

Tenorio, Paulo
   Tração e resultado: como transformar ideias em negócios incríveis /
Paulo Tenorio. - São Paulo: Editora Gente, 2024.
   208 p.

   ISBN 978-65-5544-427-8

   1. Negócios 2. Empreendedorismo I. Título

24-2076

CDD 658.9

Índices para catálogo sistemático:
1. Negócios

NOTA DA PUBLISHER

No mundo do empreendedorismo, muita gente se vê diante de alguns dilemas: como transformar uma ideia promissora em um empreendimento de sucesso? Como reunir coragem para dar o primeiro passo? Será o momento certo para me dedicar integralmente a esse novo projeto? E financiamento, como obtê-lo?

Esses questionamentos, tão familiares para quem ousa sonhar e criar, delineiam o caminho de todo empreendedor, do mais aspirante – que está buscando formas de viabilizar sua ideia genial – ao mais experiente – que anseia explorar novos caminhos para o próprio negócio. Cada lampejo de ideia, cada vislumbre de um novo caminho representa o início de uma jornada emocionante rumo à concretização de nossos sonhos e aspirações.

Empreender não é linear, é cheio de curvas, desafios e oportunidades únicas. É aí que entra Paulo Tenorio, fundador da Trakto, a primeira plataforma de design gráfico da América Latina, e sua missão singular de oferecer as ferramentas e o suporte necessários para capacitar os empreendedores a transformarem suas ideias em realidade. Aqui, em *Tração e resultado*, Paulo apresenta soluções que residem na arte de aliar criatividade e design ao processo empreendedor.

Criador de um dos maiores encontros sobre inovação do Nordeste, o Trakto Show, Paulo mostra, aqui, como cultivar sua criatividade, identificar oportunidades de negócios e superar os desafios do mundo empreendedor, transformando suas ideias em empreendimentos sólidos e bem-sucedidos. Prepare-se para mergulhar em uma jornada de transformação, onde cada página é uma fonte de inspiração e conhecimento para impulsionar sua jornada empreendedora.

Boa leitura!

ROSELY BOSCHINI
CEO e Publisher da Editora Gente

DEDICATÓRIA E AGRADECIMENTOS

Em primeiro lugar, dedico este livro à minha mãe, dona Vera Lúcia França de Lima, que me ensinou que o mundo precisa de mudança e que mudança exige compaixão, sacrifício e resiliência.

Ao meu pai, Paulo Tenorio Silva, que me ensinou a importância do dinheiro e principalmente o que ele pode construir e destruir.

Às minhas irmãs Fernanda e Patrícia por investirem junto comigo o pouco que tinham.

À minha esposa, Priscilla Nobre, que me faz ser um homem melhor todos os dias e me ensinou o poder do amor e da disciplina.

Aos meus filhos, Ben e Bella, por serem a minha inspiração de vida.

Ao meu cunhado, Diogo Nobre, que, além de meu advogado, acredita tanto em mim quanto eu acredito nele.

Ao meu sogro, seu Edmilson, que, na hora que mais precisei, estendeu a mão como um pai, e me ensinou a frase: "Só vende quem oferece".

Ao Domingos Braga, um dos primeiros funcionários da Trakto, amigo de infância que me ensinou o que é ser vendedor com alma, o que é fidelidade e o que é ser parceiro de verdade.

Ao Jorge por ter topado o desafio de tirar a Trakto do papel.

A todo o time da Trakto que me fez chegar até aqui.

Um agradecimento especial à minha irmã Ana Paula, que nos deixou cedo por um câncer de mama, mas também me deixou uma missão: "Continue por mim". E aqui estou, Ana Paula, continuando por você. Obrigado, minha irmã. Um dia nos encontraremos.

SUMÁRIO

Eu indico a todos abrirem uma empresa_____10
Introdução_____14

Parte 1: O contexto_____21
    Capítulo 1 - O mundo parece que joga contra,
        mas você pode vencê-lo_____22
    Capítulo 2 - Um copo cheio, um copo vazio_____41
    Capítulo 3 - Um jeito brasileiro de empreender_____51

Parte 2: Defina a sua ideia criativa_____61
    Capítulo 4 - A grande ideia está na sua história_____62
    Capítulo 5 - Como o seu negócio vai funcionar? _____77
    Capítulo 6 - Faça a primeira venda_____92
    Capítulo 7 - Faça as contas_____103

Parte 3: Torne realidade _____117

    Capítulo 8 - Diferenciação e posicionamento_____118

    Capítulo 9 - Plano de crescimento ou o
        calendário da morte_____126

    Capítulo 10 - Negócios começam sem dinheiro,
        empresas não_____140

    Capítulo 11 - Como funciona a relação
        com investidores_____153

    Capítulo 12 - Monte um time como se fosse um
        artesão da ilha do ferro_____166

    Capítulo 13 - Cultura na prática_____183

Parte 4: Devolva para a sociedade _____193

    Capítulo 14 - O empreendedorismo que eu defendo
    e o empreendedor em que eu acredito_____194

Mensagem final _____204

EU INDICO A TODOS ABRIREM UMA EMPRESA

Eu indico a todos abrirem uma empresa um dia e experimentarem, por alguns anos, o que é a responsabilidade de enfrentar uma folha de pagamentos, a regularização de impostos e equipe, o processo de seleção do time, o investimento em equipamentos, estrutura e conforto para o trabalho.

Indico a todos que façam esse experimento. Que aprendam a calcular o valor/hora de um trabalho. Que aprendam a calcular o valor de um salário. Que invistam incontáveis horas com contadores. Que fiquem algumas noites sem conseguir dormir, preocupados com as contas.

Indico também que experimentem formar pessoas, inspirar o melhor em cada um. Motivar com palavras, com respeito, com honestidade e com dinheiro.

Que invistam em marketing, vistam a camisa e saiam pelas ruas e redes sociais para atraírem clientes. Experimentem também segurar a onda quando os haters e as críticas chegarem. E isso acontecerá quando duvidarem de você e quando você mesmo duvidar.

De verdade, eu recomendo isso.

Recomendo que fiquem no cheque especial para não atrasar a folha de salários nem um dia sequer. Indico que experimentem também olhar nos olhos de um funcionário e demiti-lo. Que cheguem em casa detonados por cada plano, ideia ou estratégia que não deu certo. Mas, mesmo assim, continuem firmes e animados, tentando.

Façam esse teste. Vão se ver acordando às três horas da manhã sem razão e com o pensamento em um produto, em uma conversa de escritório ou em um plano para evitar a falência.

Façam esse favor a vocês mesmos. Tentem ser o patrão por alguns anos. Serem vistos como exploradores.

Façam esse teste. Mas façam por acreditar que o seu negócio vai muito além de dinheiro.

E quando cansarem, falirem ou tiverem sucesso, lembrem-se de tudo o que passaram.

Guardem isso na alma. Um dia, quando a maré virar e transformar a vaidade em humildade, o ego em um pedido de desculpas, a marra em companheirismo, a malandragem em dedicação, a inveja em desejo de sucesso e as certezas em dúvidas, estes conselhos serão necessários.

Façam esse experimento um dia.

Abram uma empresa.

***

Nunca vou me esquecer do dia em que escrevi o texto que você acabou de ler. Era um período difícil da empresa, não tínhamos nenhum respiro financeiro, todos nós estávamos sobrecarregados e eu me via literalmente encurralado. Sofria com a insatisfação da equipe, mas não tinha condições de, naquele momento, atender a todos os pedidos. Era um momento de sobrevivência, com a empresa rodando no vermelho.

É difícil para as pessoas entenderem a realidade de um negócio que está começando. Por mais que você queira, não tem fôlego para oferecer as condições ideais. Se melhora o salário de um colaborador, como ficam os outros? É melhor aumentar o salário e manter aquela pessoa ainda mais atolada de trabalho ou não aumentar e abrir mais uma vaga?

As pessoas veem o pequeno negócio e o comparam com uma grande empresa. Esperam ter tudo pronto, mas até mesmo a decisão de comprar uma cadeira é complexa. Cada escolha que você, empreendedor, faz não impacta só o nível do indivíduo, mas sim toda a empresa.

Quando você decide abrir um negócio e fazê-lo dar certo, sem ter um plano B, estando no front de verdade, entende que a jornada é muito difícil. Foi em um desses dias, quando estava muito chateado com toda a situação da Trakto, com o tamanho do nosso desafio mesmo com tanta dedicação, que senti a necessidade de me reconectar com o motivo de ter começado tudo isso. Queria mostrar às pessoas o que estava acontecendo de verdade, para que não se iludissem com discursos vazios de "empreendedores" sem noção que não sabem o que é ter uma empresa ou se deixassem levar por conteúdos que estimulam uma guerra entre patrão e funcionário.

Ao começar a empreender, vi o quanto as pessoas confundem a realidade dos megaempresários com a do pequeno empreendedor. Quando estamos começando um negócio, todos trabalham muito, e não porque alguém está enriquecendo às custas da exploração do outro, é simplesmente porque quando começamos com a cara e a coragem, entramos na arena com muitas desvantagens. No entanto, a única coisa que poderá impedir que sejamos engolidos pelos gigantes que já dominam o mercado é sermos capazes de, com um time integrado, passar da fase da sobrevivência. Abrir uma empresa foi – e continua sendo – uma das escolhas mais difíceis que já tomei. Ainda assim, tomaria essa decisão de novo sem pensar duas vezes.

Nesses mais de dez anos empreendendo, eu posso dizer a você que não existem dez técnicas infalíveis para faturar múltiplos dígitos em poucos dias. Existem, sim, caminhos para atravessar o front de guerra, segurar a barra nos momentos pesados e fazer o seu negócio chegar ao momento de tracionar e escalar. Mas só dá para chegar ao outro lado da jornada se você realmente acredita que o seu negócio vai muito além de dinheiro.

Você vai se lascar, não vou mentir. Mas espero que, com tudo o que vou dividir nas próximas páginas, você se lasque muito menos do que eu. De um jeito ou de outro, se chegar ao fim, tenho certeza de que é porque está determinado a transformar ideias em negócios incríveis. E este é o requisito essencial para empreender.

Como sempre digo: *vamo que vamo!*

INTRODUÇÃO

TUDO COMEÇA COM UMA IDEIA

Um dia, uma frase que saiu de maneira despretensiosa no escritório se transformou na declaração mais importante para o posicionamento da Trakto. Eu disse: "Tudo começa com uma ideia". A afirmação bateu em cheio no time, e tudo mudou.

Com certeza essa mesma afirmação foi pronunciada em outras conversas, em outras salas de reunião, mas a tomamos como um lema porque resume tudo o que realmente acreditamos. Ela mostra o quanto confiamos não apenas em nossos projetos, mas também nas ideias de nossos clientes e, a partir de agora, também em *suas ideias*.

A Trakto é a primeira plataforma de design da América Latina. Um negócio 100% brasileiro, construído em Alagoas, que compete com gigantes internacionais com acesso a centenas de milhões de dólares. Nossa missão é empoderar pessoas e empresas por meio do design e da criatividade. Fazemos isso por meio de um ecossistema de soluções criativas: um poderoso editor gráfico, Application Programming Interface (API's, ou Interface de Programação de Aplicação) para integração, Inteligência Artificial, automação para a criação de materiais personalizados e até mesmo um evento anual com o objetivo de fomentar uma comunidade de negócios em Alagoas.

Na primeira década da nossa história, temos a alegria de celebrar inúmeros marcos importantes: participamos de dois programas de aceleração em 2014: Seed, em Belo Horizonte, e Abril Plug and Play, no Vale do Silício; fizemos parte da primeira turma do programa de residência do Google for Startups, em 2016, mesmo ano em que também participamos do Launch Academy no Canadá; fomos selecionados para um programa de aceleração internacional, The Venture

City, aceleradora e fundo de investimento baseada em Miami (Estados Unidos) em 2020; e fomos selecionados para receber uma rodada de investimento do programa criado pelo Google, o Black Founders Fund, em 2021; passamos pelo Scale-Up Endeavor em 2022, mesmo ano em que fomos premiados como a melhor startup em um desafio promovido pelo TiE Global Summit e pela ApexBrasil, em Singapura. Todas essas experiências, além dos inúmeros eventos que participei expondo a Trakto, foram fundamentais para que nos desenvolvêssemos enquanto empresa e fôssemos capazes de aprender e gerar valor para o ecossistema ao qual escolhemos pertencer.

No entanto, a história de um negócio não começa nesse ponto, quando as coisas parecem estar "finalmente acontecendo", "finalmente dando certo".

A ideia da Trakto nasceu quando eu ainda morava fora do Brasil, em Los Angeles. Em todos os lugares que frequentava, a angústia dos empreendedores iniciantes era a mesma: "Como me vender? Quanto cobrar pelo trabalho que ofereço?". Então tive a ideia de desenvolver uma planilha que calcularia o valor do trabalho e geraria uma proposta comercial automaticamente. Inclusive, é daí que vem o nosso nome. *Trakto* vem do lituano e significa *negócio, negociar*. Gostei porque remete a *trato fechado*. Embora eu não tenha um vínculo pessoal com a Lituânia, descobri que era uma região com uma história empreendedora admirável. Um país de alto desenvolvimento e que lutou quando todas as suas condições frente a outras potências eram de desvantagem. Hoje, inclusive, é considerada uma das melhores regiões do mundo para empreendedores.[1] Mas, voltando à história da palavra *trakto*, vi que ela tinha tudo a ver com a jornada que estava iniciando.

Deixei os Estados Unidos e voltei a morar em Maceió, e a ideia não saía da minha cabeça. O problema era que, em 2011, época em que tudo isso aconteceu, eu não sabia quase nada sobre esse universo: não sabia que o que eu queria montar era uma startup, que precisava

---

[1] LITUÂNIA: Por que abrir uma empresa ou virar autônomo nesse país báltico. **Settee.io**, 29 jan. 2024. Disponível em: https://www.settee.io/article/lituania-motivos-para-abrir-uma-empresa-ou-virar-autonomo-nesse-pais-baltico. Acesso em: 17 maio 2024.

fazer um pitch, captar investimento… Não sabia sobre *nada* disso! Só sabia que precisava de um desenvolvedor parceiro – e demorei dois anos até encontrar o Jorge (que depois se tornaria cofundador da Trakto). Foi só a partir desse encontro que pudemos lançar a ideia em 2013.

O TAMANHO DOS SEUS SONHOS E DOS SEUS PROJETOS

Ao longo do livro, vou dividir com você os maiores aprendizados dessa jornada. Porém, antes disso, quero já deixar claro um ponto: não deixe o local em que você vive determinar o tamanho dos seus sonhos nem o tamanho do projeto que você quer construir. Acredito que um dos maiores motivadores que tive para não desistir da Trakto ao longo desses anos (e, acredite, meu amigo e minha amiga, oportunidades não faltaram) foi o meu desejo de contrariar o que a maioria das pessoas me dizia. Quando voltei para o Brasil, o que mais escutava era: "Nossa, mas você vai se acabar em Maceió", "Por que você deixou Los Angeles, está doido?". Era um preconceito besta dizendo que eu tinha renunciado a uma vida incrível no exterior para voltar a viver em um lugar que teria pouco para me oferecer. Sim, eu tinha conseguido conquistar uma estabilidade muito boa em Los Angeles, trabalhando para estúdios de cinema na área de efeitos e animações. No entanto, não entendia essa descrença tão grande. Por que era *tão difícil* acreditar que um negócio poderia dar certo em Maceió?

Aos poucos, a ficha caiu.

Em 2022, Alagoas ficou em segundo lugar entre os estados brasileiros com as maiores taxas de analfabetismo, com 14,4% da sua população.[2] Todo mundo sabe que é um estado de praias lindas, um paraíso para passar a lua de mel, enquanto poucas pessoas pensam em negócios e inovação. O Panorama do Setor de Tecnologia da Informação e Comunicação, realizado pela Assespro-Paraná e publicado em 2022, indica que 42% dos empregos formais na área estão

---

[2] PARAÍBA tem o terceiro maior índice de analfabetismo do Brasil, aponta estudo do IBGE. **G1**, 7 jun. 2023. Disponível em: https://g1.globo.com/pb/paraiba/noticia/2023/06/07/paraiba-tem-o-terceiro-maior-indice-de-analfabetismo-do-brasil-aponta-estudo-do-ibge.ghtml. Acesso em: abr. 2024.

concentrados em São Paulo; o segundo lugar fica com Minas Gerais, com 9% (já perceba aqui o abismo entre as duas posições); e Alagoas nem sequer aparece no gráfico. Está escondido junto com os 17% na categoria "Outros".[3]

Foi essa percepção de que Alagoas era apenas um destino turístico e que São Paulo é o local em que os negócios acontecem que fazia – e ainda faz – certos empresários perguntarem: "Poxa, Paulo, mas por que não São Paulo?". A minha resposta é sempre a mesma: porque não precisa ser em São Paulo. Tem um potencial gigantesco aqui – e queremos fazer o mundo todo enxergar isso também.

Nos dez anos que empreendi em Alagoas, saímos de um cenário muito tímido em tecnologia para ter um polo de inovação que abriga centenas de empresas, uma aceleradora de startups, programas como o OxeTech,[4] que permite a jovens estagiarem em empresas por doze meses com o salário pago pelo governo, um projeto que destinou mais de 200 milhões de reais para a área de tecnologia por meio da Secretaria de Estado da Ciência, da Tecnologia e da Inovação de Alagoas (Secti) e da Fundação de Amparo à Pesquisa (Fapeal).[5] Toda moeda tem dois lados, toda realidade pode ser encarada de maneiras diferentes. É o que focamos que determina se estamos enxergando potencial ou dificuldades.

Eu defendo que o acesso ao conhecimento é um fator nivelador. E meu objetivo aqui é entregar a você alguns caminhos que me fizeram falta na jornada. Tudo começa com uma ideia, claro, mas ela não vira nada se você não tiver algumas ferramentas e pessoas dispostas a compartilhar o que sabem com você. Este livro é meu jeito de compartilhar o melhor que tenho para entregar a outros empreendedores.

---

[3] INSIGHTS Report 2022: Panorama do setor de Tecnologia da Informação e Comunicação. **Assespro-PR**, 2022. Disponível em: https://assespropr.org.br/insights-report-2022/. Acesso em: abr. 2024.

[4] OXETECH. Disponível em: https://oxetech.al.gov.br/. Acesso em: abr. 2024.

[5] XAVIER, N. Governo do Estado apoia pesquisa em física de alto nível em Alagoas. **Governo do Estado de Alagoas**, 17 out. 2023. Disponível em: https://alagoas.al.gov.br/noticia/governo-do-estado-apoia-pesquisa-em-fisica-de-alto-nivel-em-alagoas. Acesso em: abr. 2024.

TER IDEIAS É BOM, MAS FALAR SOBRE ELAS É MELHOR AINDA

Uma ideia é o primeiro passo antes da ação. Ideia é o fruto da criatividade humana. Na mão de um empreendedor vira negócio, produto e ação. Esse conceito se traduz na minha mente como um momento de transformação. De uma ideia sai uma planilha, sai um plano, a alma movimenta, os neurônios começam a funcionar de modo ordenado.

Conheço pessoas brilhantes que têm dez ideias de negócio por dia. O universo mágico das ideias é tentador, e falar sobre uma ideia é uma das coisas mais prazerosas que existe. Você mostra a sua criatividade, afaga o ego do inventor e alimenta a alma. É como o vício em algo, por exemplo, em chocolate: você come um pedaço e logo vem aquela vontade de mais e mais.

Porém, o problema é justamente esse. Ter ideias é ótimo. Mas falar sobre elas é um vício. Para os mais tímidos, as ideias ficam dentro de si; para os extrovertidos, vai para o mundo. Mas, para que tudo comece com uma ideia, a afirmação pede um próximo passo. E, eu sei, dá medo tirar uma ideia do papel. Dá mais ansiedade ainda quando você se preocupa com o que as pessoas vão dizer se você falhar – o quanto de dinheiro e tempo você vai perder.

Se falar sobre uma ideia sua é bom, criticar a ideia do outro é ainda melhor, não é verdade?! Quem critica se sente na bancada do *The Voice*, especialista em análise, mas com uma diferença: o crítico nunca é um Carlinhos Brown, que dedicou a vida inteira à música. Em muitos palcos, estão "mentores" com zero compromisso com a sua entrega.

Essa falsa percepção de conhecimento atrapalha – e muito – o mundo das startups. Escutei muita coisa errada nesses anos. Por isso, neste livro, tento estruturar um pouco dos aprendizados da minha jornada, organizando os pensamentos, um passo a passo para que você e tantos outros leitores possam construir a própria história e valorizar o seu propósito desde o início. Sim, você terá dúvidas no meio do caminho, assim como eu tive. Algumas dessas dúvidas podem passar por: "E se a ideia for ruim?", "E se ela não decolar?", "E se alguém já fez isso antes?". Calma! *Empreender é observar os proble-*

INTRODUÇÃO **19**

mas que aparecem o tempo todo no caminho e, a partir deles, construir ideias melhores. Você está dando o primeiro passo em direção ao caminho correto, por isso não é necessário se preocupar.

Ideias viram negócios quando incomodam, irritam e ficam martelando na sua cabeça. Você pode estar neste momento repetindo uma ideia para si mesmo. A primeira delas dificilmente será o negócio final, mas com certeza será a responsável por fazer você começar a sua história.

Este livro se chama *Tração e resultado* porque as ideias que se transformam em negócios duradouros são aquelas que ganham força de mercado. Tração tem a ver com a sua capacidade de atrair e reter clientes de maneira consistente e, de preferência, exponencial. Sua ideia precisa se transformar num modelo de negócio validado, que gera receita e crescimento. Quando o negócio ganha tração, significa que você está gerando, de fato, resultado.

PARTE 1:
O CONTEXTO

NINGUÉM RESOLVE NADA SE NÃO ESTIVER DISPOSTO A PAGAR O PREÇO DE SE ARRISCAR.

CAPÍTULO 1

O MUNDO PARECE QUE JOGA CONTRA, MAS VOCÊ PODE VENCÊ-LO

Não sei quanto você já conhece da minha jornada, então é importante dar um pouco de contexto. Nasci em Arapiraca, interior de Alagoas, e sempre digo que isso foi importante para que eu pudesse chegar até aqui porque cresci *vendo o mundo de baixo para cima*. Quem vem de fora dos grandes centros urbanos, não nasceu na família "certa", não começou com as condições e com as características "certas" vai entender o que quero dizer. *Ver o mundo de baixo para cima* representa a sensação de que estamos sendo constantemente julgados e desafiados por todo mundo que não acredita que daremos conta de realizar nossas ambições.

Cresci em uma família que me provocava com ideias bem contrastantes que, no fim, me transformaram no Paulo Tenorio que sou hoje. Minha mãe, assistente social, trouxe para mim uma grande consciência do que o capitalismo brutal causava no mundo. Por outro lado, meu pai, empreendedor, foi o cara que me ensinou a entender o papel do dinheiro e como ele é o combustível para transformar uma situação. Enquanto ele dizia "Paulinho, dinheiro é a mola do mundo", a minha mãe dizia "Paulinho, a fábrica de miseráveis está aberta a todo vapor".

Até os meus 17 anos, minha vida era *muito boa*. Nascido em berço de ouro, podemos dizer. Tínhamos uma excelente condição financeira graças ao negócio do meu pai, e eu poderia não ter virado nada, não fosse um momento decisivo para a história da minha família. Na virada dos meus 17 para 18 anos, meu pai quebrou. Faliu com um tombo avassalador. Não por culpa dele, mas sim do capitalismo selvagem. Algo que todos nós estamos sujeitos a enfrentar.

Ele tinha uma distribuidora de bebidas, que atuava no interior do Alagoas, e nesse momento uma aquisição da Ambev fez com que toda a estrutura do negócio entrasse em colapso. A conta chegou lá em casa. E, de repente, meus pais, eu e minhas três irmãs tivemos que aprender a viver com o salário de uma assistente social.

Meu pai tentou o suicídio duas vezes por conta da falência e do sentimento de injustiça. Quando tentou cortar os pulsos na mesa do seu escritório, fui o primeiro a entrar no local. Nunca vou esquecer que a depressão tem cheiro, tem uma energia carregada e é a doença moderna mais subestimada por quem nunca enfrentou isso na família. Mas esse momento me marcou de uma forma positiva, se é que posso usar essa palavra em um contexto tão complexo. Explico. Ali, na sala, vendo a faca ensanguentada, aprendi a maior lição que tive na vida: *jamais associar uma falha nos negócios a uma falha pessoal.*

Por mais que a gente se cobre para performar cada vez melhor, se um projeto falha, faz parte da jornada. Mesmo que você tenha se dedicado a vida inteira por um negócio e acabe sendo roubado, passado para trás, recomece sempre. Sempre. Uma, duas, três… Cem vezes se necessário. Não tenha vergonha de pedir emprego a um concorrente ou a um amigo mais rico.

Temos que ter cuidado com a nossa autoimagem como empreendedor e empreendedora porque essa ideia de sucesso absoluto que as redes sociais promovem não está só nas redes sociais. Vejo muitas pessoas comprando carro que não conseguem pagar para manter um status que não possuem. O mesmo vale para roupas, viagens e tudo aquilo que é material. Sem querer dar uma de psicólogo, mas, enquanto o empreendedor não conseguir se desfazer de seus traumas pessoais e a sua própria definição de sucesso for baseada em exibição para os outros, me perdoe a franqueza, ele poderá ganhar dinheiro sem jamais ter sucesso verdadeiro. *O dinheiro tem que vir com qualidade.* A minha mãe me ensinou isso.

Eu a vi lutando pela sobrevivência, pegando quatro ônibus para três trabalhos diferentes, trabalhando os três períodos do dia. Ela é incansável, imparável. Uma mulher de valores e personalidade forte. Incrivelmente resiliente e determinada. Mas o principal: é alegre, sempre para cima. Mesmo diante de tantos problemas.

Um dia, ela me pediu ajuda para acompanhá-la na reunião de condomínio. Estávamos há três meses com o pagamento atrasado, não tínhamos condições de pagar. Naquele dia, presenciei a minha mãe ficando de pé na reunião, com lágrimas nos olhos, pedindo desculpas pelo atraso e dizendo que iria honrar o compromisso assim que a situação melhorasse. Caiu no choro, mas de cabeça erguida.

Jamais vou me esquecer dessa cena e o que ela me ensinou: *assuma os seus problemas e as suas dívidas, e enfrente o mundo de cabeça erguida*. Foi uma merda, claro. Essa situação teve um impacto muito duro na minha mãe e no meu pai, que ainda sofria com a depressão, mas foi o propulsor para que eu amadurecesse.

Muitas vezes, brinco dizendo que *sou fruto do aperreio*. Você sabe o que isso significa? Aperreio é o que a gente sente quando enfrenta um aborrecimento atrás do outro, quando sentimos que estão nos perseguindo. A expressão vem do espanhol, e seu uso no Brasil data do período da colonização. Alguns estudiosos apontam que vem do uso pejorativo da palavra *perros*, que seria cachorros.[6] No espanhol, *aperrear* significa "jogar *perros* [cães] contra alguém, ofender gravemente".[7]

Bom, com meu pai quebrado tanto nos negócios como na alma e minha mãe dando um duro danado para garantir o mínimo de estabilidade quando tudo tinha virado caos, eu tomei uma decisão: *não vou levar conta para casa*.

O que eu poderia fazer, então, para não ser mais um problema para minha mãe e, ao mesmo tempo, cuidar da minha vida dali para frente? *Boom*, veio a solução: olhei para essa máquina que hoje em dia a maioria de nós carrega no bolso – fui usar o computador.

Meu primeiro contato com um computador foi aos 13 anos. Na minha época (olha o papo de tio, hein), simplesmente conseguir baixar um arquivo já era algo sensacional. Hoje, isso não é nada demais, mas acompanhei todo o começo da internet. Isso aconteceu quando estava começando a faculdade, e uma necessidade virou o meu primeiro negócio. Vou resumir o contexto:

---

[6] IGOR, L. As origens do cearencês: deixe de ser aperreado que nós explicamos a origem de "aperreio". **O Povo**, 2020. Disponível em: https://www.opovo.com.br/noticias/ceara/2020/07/02/as-origens-do-cearences--deixe-de-ser-aperreado-que-nos-explicamos-a-origem-de--aperreio.html. Acesso em: abr. 2024.

[7] MASIP, V. **Armadilhas da língua espanhola**: um guia completo. Recife: Ed. Universitária da UFPE, 2013. Disponível em: https://editora.ufpe.br/books/catalog/download/423/433/1278?inline=1. Acesso em: abr. 2024.

Desafio 1: eu tinha sido aprovado na faculdade, mas meus pais não poderiam me ajudar a pagar a mensalidade.

Desafio 2: como tinha me saído bem no vestibular, passei na faculdade com uma bolsa parcial. A mensalidade era menor desde que eu mantivesse pelo menos nota 9 em todas as matérias.

Essa era a situação e eu tinha que dar um jeito de continuar estudando muito para manter as notas altas. Ao mesmo tempo, precisava "fazer" o dinheiro necessário. Pensei: *Ainda não sei como vou ganhar o dinheiro, mas as notas preciso garantir.* Como sou curioso por softwares desde cedo, conseguia usar o computador de uma maneira que meus colegas não dominavam. Sempre tive muitas apresentações para entregar nas matérias da universidade e odiava o *PowerPoint*. Então comecei a fazer os meus trabalhos usando o *Macromedia Flash*, um software que, na época, era muito usado por *motion* designers, isto é, profissionais da área gráfica que desenvolvem peças de design com movimento. Fazia isso porque o programa permitia fazer animações e as apresentações ficavam incríveis, mas também porque já o dominava por ter aprendido a mexer como autodidata. Os professores se surpreenderam e minhas avaliações eram sempre muito boas. Meus colegas então disseram: "Paulo, quanto você cobra para fazer a minha apresentação?". Pronto, aí estava o caminho para resolver os meus dois desafios.

Mostrar esse conhecimento também me ajudou a conseguir uma bolsa auxílio na faculdade, que, somada ao que eu conseguia fazer vendendo as apresentações para os alunos, resolvia a minha primeira grande questão. Foi a partir disso que recebi o meu primeiro investimento. Uma professora, Kedma Villar, acreditava tanto em mim que pegou o próprio dinheiro e investiu para que eu pudesse criar a Blob Computação Gráfica, aos 19 anos. Junto com um colega de classe, Reges Madureira, e Daniel Macedo, um amigo que morava na Austrália e estava voltando ao Brasil, nasceu o primeiro estúdio de *motion* design do Nordeste.

Meu pai costumava me dizer: "Paulinho, construa a sua carreira, não procure atalhos na vida". Mas vou ser bem sincero com você: mal sabia eu onde estava entrando. Empreender é ser alguém que está sempre "no corre". Não sei qual é o seu corre hoje, mas o meu começou ali, tentando ser custo zero em casa ao mesmo tempo que fazia o que meu pai tinha me dito para fazer: construir a minha própria carreira. As dívidas dos meus pais eram na casa de milhões de reais, então entendi que não ia conseguir ajudá-los naquele exato momento. Precisava construir uma carreira, ganhar dinheiro de qualidade e só depois conseguiria ajudá-los a sair daquelas condições. E foi isso o que fiz.

Mas, como já deve ter sacado, a Blob não deu tão certo. E entre a Blob e a Trakto, mais de dez anos se passaram. A vida não é linear, muito menos a carreira empreendedora. Um jeito mais fácil de resumir é com uma imagem:

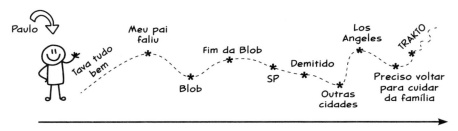

LINHA DO TEMPO NA VIDA DO PAULO

Quando estamos nos momentos de baixa, a sensação é de que o mundo joga contra os nossos sonhos. Depois, quando você analisa a jornada, percebe que, mesmo quando tudo deu errado, você ainda estava crescendo. Porque a partir dali você tem condições de recomeçar de um lugar novo, com conhecimentos novos e aprendizados valiosos.

Hoje sei que a Blob foi fundamental para que a Trakto existisse. O que motivou a primeira empresa já era um embrião da essência da nova: *acreditar que há estratégias mais interessantes para apresentarmos as nossas ideias.* Por que isso importa? Porque toda transação financeira nasce de alguém apresentar uma ideia convincente para outra pessoa, e esta comprar o seu produto ou serviço. De verdade, fazer negócio é basicamente isso: eu tenho alguma coisa de que você precisa e a empresa serve como um meio para que eu possa entregar a minha solução para você.

Agora, embora seja algo simples de entender, a prática é bem mais desafiadora. As regras não são assim tão explícitas, os players não estão todos identificados, e você precisa descobrir como encontrar e conectar todas as pontas necessárias para seu projeto, qualquer que seja, acontecer. E, infelizmente, o *tempo* é um fator complexo. Empreendedor está sempre correndo contra o tempo. Eis uma frase popular que, no nosso caso, também é verdadeira: tempo *é* dinheiro.

Uma pesquisa realiza pela CB Insights, uma plataforma de dados globais para inteligência de mercado, com 111 startups que faliram, concluiu que as três maiores causas eram *falta de dinheiro, solução de que o mercado não precisava* e *incapacidade de superar a concorrência*. As startups podem falir por mais de um motivo, mas esses três fatores são os mais influentes. Logo atrás, temos problemas no *modelo de negócio, questões legais* e *custos*.[8]

PRINCIPAIS RAZÕES PELAS QUAIS STARTUPS FALHAM

Razão	%
Ficar sem dinheiro/falhar em levantar novo capital	38%
Sem demanda de mercado	35%
Derrotada pela competição	20%
Modelo de negócio falho	19%
Desafios legais/de regulamentação	18%
Problemas de custo/precificação	15%
Sem o time certo	14%
Produto lançado no momento errado	10%
Produto de baixa qualidade	8%
Time/investidores em desarmonia	7%
Pivô deu errado	6%
Esgotamento/falta de paixão	5%

É por isso que a velocidade de realização é tão importante. Se você consegue implementar a ideia, testar, ajustar e pivotar com mais

---

[8] THE TOP 12 reasons startups fail. **CB Insights**, 3 ago. 2021. Disponível em: https://www.cbinsights.com/research/report/startup-failure-reasons-top/. Acesso em: abr. 2024.

velocidade antes de colocar nela todos os seus recursos, mais fôlego você tem para continuar a jornada.

Ter um negócio bem-sucedido não envolve ser um gênio. Muitas outras pessoas poderiam ter liderado a criação de negócios muito semelhantes ao que a Trakto é hoje, mas é preciso muito mais do que uma ideia para criar um negócio. Já disse e volto a repetir: a ideia é só o começo. Porém, se você acredita que o empreendedorismo é uma oportunidade de exercer um trabalho mais relevante e que possa trazer mais autonomia para a sua vida, se você está com medo de apostar todas as fichas, se tem pessoas que dependem de você e, ao mesmo tempo, você sabe que precisa dar tudo de si porque vai dar trabalho (sempre dá muito trabalho!), então respire fundo e *vamo que vamo.*

Talvez você já tenha escutado alguma coisa sobre Thomas Edison e algumas frases que são atribuídas a ele. Mas quero contar algo que, acredito eu, pouquíssimas pessoas conhecem. Bom, Thomas Edison é conhecido como um dos maiores gênios da história, responsável por diversas invenções no século XIX, invenções estas que mudaram os rumos da comunicação, da produção em massa e da energia elétrica. Mas, quando falavam isso para ele, a resposta era: "Genialidade é trabalho árduo, perseverança e bom senso".[9] É muito comum falarmos da lâmpada elétrica como a grande invenção de Edison, mas, das 1.097 patentes que ele recebeu nos Estados Unidos, 356 eram relacionadas a iluminação, geração e distribuição de eletricidade. Ou seja, ele pensou no ecossistema para que aquele negócio que ele via com grande potencial pudesse de fato alcançar muitas pessoas. Thomas Edison também não foi o único inventor, na época, a estudar caminhos para substituir o sistema a gás para iluminação. Tinham outras pessoas perseguindo o mesmo problema. No entanto, o que determinou o seu sucesso e a sua posição como o grande destaque dessa mudança definitiva para o mundo foi a sua intencionalidade. Como disse um juiz inglês em um dos debates com outro inventor que buscava o crédito pela invenção da lâmpada incandescente: "Edison usou o fila-

---

[9] A BRIEF biography of Thomas Edison. **National Park Service**, 26 fev. 2015. Disponível em: https://www.nps.gov/edis/learn/kidsyouth/a-brief-biography-of-thomas-edison.htm. Acesso em: abr. 2024. [Em tradução livre.]

mento em vez da haste para um propósito definido e, pela diminuição da área seccional, fez com que uma lei física atendesse ao fim que ele tinha em vista. A pequenez do tamanho, então, não era uma questão casual, mas pretendia provocar, e provocou [...], e assim converteu o fracasso em sucesso".[10] Ele sabia por que estava fazendo aquilo. Sabia o que esperava como resultado. Tinha uma estratégia para converter ao seu favor o que, antes, parecia ser o mundo jogando contra.

"Nunca tive uma ideia na minha vida", disse ele uma vez. "As minhas chamadas invenções já existiam no ambiente – eu simplesmente as revelei. Nunca criei nada. Ninguém cria nada. Nenhuma ideia nasce no cérebro; tudo vem de fora."[11] Na prática, ele estava dizendo: o problema está diante de você, e você pode criar os meios para resolvê-lo.

Entendi essa relação entre problema e criação de uma solução muito cedo, mas foi ao morar nos Estados Unidos que comecei efetivamente a colocar em prática algumas das ideias – e sonhos – que eu tinha. Quando fui lá, em 2007, era como se eu estivesse voando. Mudei primeiro para Salt Lake City, em Utah. Cultura totalmente diferente da brasileira. Um lugar em que predominava a religião mórmon. Eu era um dos poucos negros em todo lugar que ia. Quase não encontrei brasileiros por lá, então fiz amizades com americanos. Morar em Utah foi uma experiência incrível. Aprendi uma nova forma de trabalhar, uma nova forma de me comunicar. Mas aprendi também o que era racismo, xenofobia e preconceito. Havia locais que não me atendiam, sem motivo algum, com as pessoas lançando olhares diferentes. Isso acontecia porque não era comum ver um brasileiro, da minha cor, trabalhando com tecnologia, morando em uma boa casa, tendo um bom carro e indo a restaurantes mais caros.

Decidi sair de Utah pois queria outra vida, precisava correr atrás de um sonho: trabalhar em Hollywood. Era incrível. Eu repetia

---

[10] VENABLE, J. D. A Brief Biography of Thomas Alva Edison. **Thomas Alva Edison Foundations**. Disponível em: https://www.thomasedison.org/brief-biography. Acesso em: abr. 2024. [Em tradução livre.]

[11] CEP, Casey. The Real Nature of Thomas Edison's Genius. **The New Yorker**, 21 out. 2019. Disponível em: https://www.newyorker.com/magazine/2019/10/28/the-real-nature-of-thomas-edisons-genius. Acesso em: abr. 2024. [Em tradução livre.]

para mim mesmo todos os dias pelo menos umas trinta vezes: *Um dia vou trabalhar e morar em Hollywood*. Sentia algo incontrolável. Apenas eu falando comigo mesmo, mas de um jeito que não era cobrança, era sonho, era guia para as minhas decisões. Por isso, quando saí de Utah e fui trabalhar em Nova York por alguns meses, eu estava decidido.

No entanto, para fazer esse sonho acontecer, eu sabia que precisava de conexões. Busquei manter o meu site atualizado, sempre atuante nos grupos de *motion* design e, principalmente, conversando com amigos. Até que uma *headhunter* me encontrou e finalmente recebi uma proposta para trabalhar em Los Angeles, em Hollywood.

Não foi fácil no início, Los Angeles é o lugar mais competitivo para o mercado criativo. O mundo todo quer estar lá. E quando digo "mundo", literalmente estou falando dos Estados Unidos e do resto dos países. Não tem vaga para qualquer um. Então eu estava "com a faca nos dentes" e "sangue nos olhos" mesmo. Trabalhava o dia todo, em casa, e estudava mais ainda. Não tinha vida social. Não podia ser diferente.

No começo, morei em um lugar chamado Cecil Hotel. Era o mais barato perto do estúdio em que estava trabalhando. Mas havia histórias bizarras de assassinatos macabros ali dentro. Inclusive, existe um documentário chamado *Cena do crime – Mistério e morte no Hotel Cecil*, disponível na Netflix. Quando cheguei, não tinha ideia de quão *trash* era o local. Você me chamaria de doido ao conhecer a história daquele lugar. Mas, para um homem solteiro com pouco dinheiro, focado no trabalho, era suportável.

Estava recomeçando a vida na Califórnia, então o foco era juntar dinheiro e conquistar a confiança dos estúdios. Mas fiquei ali só até me dizerem que eu deveria mudar de casa com urgência porque só permaneciam ali moradores de rua, drogados e pessoas violentas. Na época, alguns colegas me ofereceram ajuda para encontrar um lugar melhor. E foi assim que mudei para o SB Lofts, na 500 S Spring Street. Um loft animal, muito mais caro, óbvio, mas naquele momento já me sentia seguro em Los Angeles e tinha juntado dinheiro suficiente para pagar o seguro e a mobília. O meu loft ficou incrível, ali eu senti que tinha finalmente chegado lá. E estava só começando. Meu chefe na época, Terry Lee da Roger.tv, estava conversando comigo sobre a possibilidade de montarmos um estúdio nosso. Brian Wee, produtor-executivo em Los Angeles, também tinha interesse e estávamos conversando. Tudo estava perfeito, eu tinha dado a volta por cima.

Foi então que, em 2010, recebi uma ligação dizendo que meu pai estava mal de saúde. Voltei para o Brasil no ano seguinte e logo depois meu pai faleceu. Aquele um ano com meu pai foi muito importante e, de alguma maneira, reacendeu em mim a vontade de querer empreender ali, em Alagoas, onde realmente era a minha vida.

Naquele período, criei um curso de *motion* para ensinar tudo o que tinha aprendido em dez anos de carreira como *motion* designer. Treinei centenas de profissionais. Parecia que já sabia que iria fazer uma migração de carreira. E um ensinamento que nunca vou esquecer veio da minha mãe. Quando ela me viu projetando o curso, disse: "Paulinho, saiba separar informação de conhecimento".

Era uma frase simples, mas que me desafiou a não replicar coisas técnicas facilmente encontradas on-line e focar o conhecimento de fato. Devo o sucesso do curso de *motion* a ela. Por ter sido professora, me ajudou em tudo. A professora Vera Lúcia soube me orientar em cada passo. Já a mãe Vera foi me guiando e me fazendo acreditar que valia a pena.

Desde a época da faculdade, com os projetos com a Blob, o período nos Estados Unidos e tudo mais o que eu fazia, existia um ponto em comum: o tempo todo as pessoas me procuravam para ajudá-las a vender as suas ideias e produtos. Elas precisavam de um material que desse credibilidade para o que estavam oferecendo, precisavam de ajuda para chegar a um valor adequado pelos seus serviços e, do meu lado, eu queria uma solução que me permitisse ajudá-las ao mesmo tempo que me desse escala para que esse trabalho valesse a pena. Até porque, naquele período, eu também já estava me preparando para o meu casamento e precisava de um plano.

Então comecei com uma calculadora: o objetivo era calcular as horas de trabalho e enviar propostas comerciais de maneira automatizada aos clientes. Como todo negócio, o começo não foi o que a empresa é hoje em dia. Participei de um Demoday, em 2013, um evento patrocinado pelo estado de Alagoas, cujo objetivo era justamente ver startups apresentando a versão inicial de seus produtos. Lá, a Trakto competiu com quarenta projetos e ficou em primeiro lugar.

O Demoday foi o ponto de virada. Eu tinha contratado uma empresa para desenvolver a primeira versão da Trakto, a Enjoy. Mas apenas um dos sócios, o Jorge Henrique, trabalhou no projeto. E foi ele quem nos inscreveu. Eu fui, mas não sabia que seria uma competição.

No dia do Demoday, mandei fazer três camisas e montei alguns kits, porque o meu objetivo era tentar um contato com o Sebrae para, quem sabe, ter um canal para as pessoas começarem a utilizar a calculadora que criamos. No evento, Jorge estava representando outro aplicativo chamado Carona, concorrendo comigo.

Depois de ficar horas apresentando a Trakto no meu estande sozinho, chegou a hora do pitch. E foi lá que consegui mostrar a minha visão da Trakto. Os jurados gostaram, e quando ganhei, chamei o Jorge para subir ao palco comigo.

Semanas depois ele disse que ficaria trabalhando comigo se tivesse participação na empresa. Eu não entendia nada de sociedade, mas decidi aceitar, pois, além de precisar de um desenvolvedor, Jorge era um cara do bem que se dedicou muito para fazer o aplicativo nascer. Acertamos os detalhes e ali nasceu a Trakto como empresa. A ideia inicial, mesmo tendo começado com a calculadora, era identificar como podíamos ajudar o empreendedor a criar o seu material de marketing.

Naquela época, eu não sabia o que era uma startup. Vim do zero e decidi fazer valer. Estava acostumado a trabalhar como profissional criativo e foi nisso que me apeguei: usar a minha bagagem para construir um negócio sustentável. Passamos por vários processos de aceleração até que participamos da primeira rodada de investimentos em 2015, e aí sim a Trakto e eu, como empreendedor, estávamos prontos para começar.

Eu não sabia onde estava me metendo. Não sabia que iria concorrer contra um gigante global, com diferenças brutais de vantagens em comparação ao mercado que encontramos. Para você ter uma ideia, enquanto escrevo este livro, a Trakto levantou pouco mais de 10 milhões de reais de investimentos, o que dá aproximadamente

2 milhões de dólares.[12] O Canva, um dos nossos principais concorrentes, teve dezessete rodadas de investimento e levantou mais de 500 milhões de dólares desde 2012.[13] No entanto, na primeira rodada, na qual eles captaram 3 milhões de dólares,[14] eles ainda não tinham nem sequer produto. Levantaram capital exatamente para conseguir concluir o lançamento da plataforma.[15] Quando conseguimos a nossa primeira captação, a plataforma já estava rodando e com 3 mil usuários ativos. E está tudo bem, esse é o campo de batalha, mas o que quero mostrar a você é que dá para brigar de onde estivermos. Só que precisamos chegar preparados, algo que fui descobrindo no caminho e quero mostrar para você com este livro.

Durante os vários processos de aceleração, eventos e experiências que tivemos e ainda temos com a Trakto, fomos adaptando o processo e acertando o nosso modelo de negócios exatamente para não morrermos em meio a esse cenário. Depois que vencemos o Demoday em 2013, para mim, nunca foi uma opção deixar a empresa morrer.

Como você viu na pesquisa da CB Insights, há inúmeras causas que levam os negócios a falir. Mas o que faz os negócios darem certo? Edison já disse: trabalho árduo e perseverança. Essas características surgem da habilidade de identificar uma solução para cada problema que aparece e trabalhar até dar certo. Ninguém resolve nada se não estiver disposto a pagar o preço de se arriscar. Mas nem só de otimismo vive um empreendedor, por isso separei uma imagem que mostra bem alguns perfis que encontramos quando estamos na jornada de tirar uma ideia da nossa cabeça e transformá-la em realidade:

---

[12] Em março de 2024, a cotação do dólar estava em R$ 5,00.

[13] CANVA Overview. **Pitchbook**. c2024. Disponível em: https://pitchbook.com/profiles/company/56364-67#faqs. Acesso em: abr. 2024.

14 KITSCHKE, Z. Aussie Startup Canva announces $3 Million seed round from world class investors. **Canva**, 20 mar. 2013. Disponível em: https://www.canva.com/newsroom/news/aussie-startup-canva-announces-3-million-seed-round-world-class-investors/. Acesso em: abr. 2024.

15 THE EVOLUTION of Canva's original pitch deck. **VIP Graphics**. c2024. Disponível em: https://vip.graphics/original-canva-pitch-decks/. Acesso em: abr. 2024.

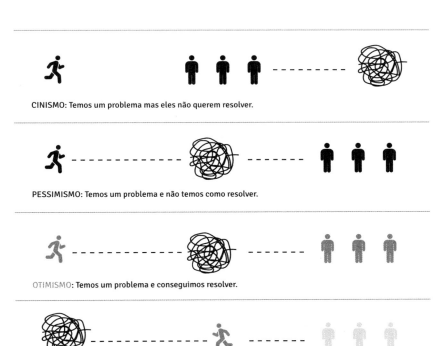

CINISMO: Temos um problema mas eles não querem resolver.

PESSIMISMO: Temos um problema e não temos como resolver.

OTIMISMO: Temos um problema e conseguimos resolver.

RESPONSABILIDADE: Temos um problema. Como posso ajudar?

INICIATIVA: Temos um problema e é assim que vou resolver.

@paulotrakto

O lance, portanto, é aprendermos a identificar os cínicos e pessimistas que não nos ajudam para silenciarmos as suas vozes. Por outro lado, queremos nos cercar de otimistas, e que também têm responsabilidade e iniciativa.

Assim, não sei qual é o tamanho do seu desafio hoje, mas vou mostrar que não é preciso se desesperar. Como fiz lá na época para pagar a faculdade: a gente aprende a pegar grandes problemas e os transforma em problemas menores, dando um passo de cada vez.

Bora fazer dar certo: planejamento de vida

A partir de agora, quero que você assuma uma postura otimista, responsável e, acima de tudo, comprometida com a história que está construindo. Por isso, quero propor um exercício.

Quando estava passando, em 2014, por um processo de aceleração em São Paulo, na Abril, resolvi fazer o meu planejamento de vida mesmo vivendo a loucura de começar uma empresa. Fiz isso inspirado nos aprendizados que tive ao ler *Pense e enriqueça*, de Napoleon Hill, e ao ler uma carta escrita por Bruce Lee com os seus planos para se tornar um ator de sucesso em Hollywood.[16]

Meu objetivo principal definitivo

Eu, Bruce Lee, serei o primeiro superstar oriental mais bem pago nos Estados Unidos. Em troca, eu realizarei as performances mais emocionantes e entregarei a melhor qualidade na minha capacidade de atuação. Começando em 1970, eu irei atingir fama mundial e seguirei curso, até que, no fim de 1980, eu

---

[16] SULEIMENOV, A. The Bruce Lee's definite chief aim in life. **Medium**, 24 out. 2013. Disponível em: https://medium.com/@suleimenov/the-bruce-lees-definite-chief-aim-in-life-ba035009548c. Acesso em: abr. 2024.

TRAÇÃO E RESULTADO

*terei 10 milhões de dólares. Eu irei viver da forma que
quiser e atingirei harmonia e felicidade interior.*

Bruce Lee nasceu nos Estados Unidos, mas ser asiático naquela época era difícil. Não existiam atores chineses que não fossem caricatos nos filmes de Hollywood. Ele resolveu enfrentar aquele mundo. Foi uma atitude louvável, e um planejamento adequado para o que estava construindo.

No meu caso, precisava planejar os próximos passos da minha vida, que agora estava tomando um caminho diferente no qual eu não dependia só da minha força de trabalho. Precisava alinhar os meus projetos de vida com a empresa que estava nascendo. É fácil se perder na jornada do mundo dos negócios e direcionar toda a sua energia em busca de dinheiro. É o erro mais comum de empreendedores. Por ter visto isso em casa, resolvi adaptar um planejamento de vida que envolvesse não só metas profissionais, mas sim algo que tivesse claro um plano de vida pessoal que não fosse atrelado a coisas materiais.

O exercício consiste em você assumir um compromisso consigo mesmo quebrando suas metas em três horizontes de tempo: um ano, dez anos e vida inteira. Metas de um ano são aquelas que dependem muito mais de mudanças de hábito e atitudes suas; já as previstas para dez anos demandam recursos adicionais, como maior planejamento e até mesmo investimentos financeiros. Por fim, as metas de vida inteira são aquelas que você não tem um prazo determinado, mas espera realizar ao longo da vida e/ou são decisões e aspectos da sua vida que você quer preservar o máximo que puder.

Por fim, para que este exercício exerça em você todo o seu potencial, quero que registre a data de quando estabeleceu os compromissos e assine logo em seguida. Sei que o papel em branco assusta, mas acredite: com o tempo, voltar e ver as suas realizações trará uma grande satisfação a você!

Data:

Planejamento de vida de _____
_____ [coloque aqui o seu nome].

Para um ano:

_____

_____

_____

_____

_____

_____

Para os próximos dez anos:

_____

_____

_____

_____

_____

_____

_____

_____

Para a vida inteira:

_____

_____

_____

_____

_____

_____

_____

Caso você esteja curioso ou curiosa sobre o meu planejamento, saiba que coloquei que montaria o meu primeiro escritório da Trakto em Maceió no primeiro ano, me formaria em Harvard nos próximos dez anos e seria presente na vida dos meus filhos e da minha esposa até o fim. Essas foram apenas algumas das metas, mas todas elas estão realizadas ou em processo de realização durante a minha trajetória. A cada novo ano, faço um novo planejamento.

Tenho muito orgulho do que construí e gosto revisitar os meus planejamentos de vida sempre que posso. Sugiro que você faça o mesmo! É uma ferramenta que você atualiza e, mais do que isso, será um material de apoio para inúmeras descobertas. É muito bom olhar para o meu planejamento de 2014 e ver quantas coisas já realizei. Alguns objetivos de um ano demoraram mais, e concretizei na janela dos dez anos. Enquanto isso, algumas coisas **para a vida inteira** já estão acontecendo.

Rever essa reflexão me ajuda a entender o que eu pensava naquele momento e como a jornada ampliou o meu conhecimento sobre o que é necessário para realizar cada sonho.

Planejamento De Vida I Napoleon Hill

Para um ano

1. Fazer com que a TraktoPRO chegue no Break-even com 100 mil reais de receita
2. Zerar qualquer dívida em meu nome ou da Blob
3. Ir para Paris em Lua de Mel com a Pri
4. Levantar 500k de investimento e preparar a Trakto para um SeriesA
5. Montar o primeiro escritório da Trakto em Maceió
6. Pesar 85 kg e voltar a surfar
7. Dizer pelo menos uma vez ao mês que amo minha família

Para os próximos 10 anos

1. Comprar um apartamento para a minha mãe
2. Levar minha família e da Pri para uma viagem pela Europa
3. Ter 20 milhões de reais investidos e renda mensal de dividendos
4. Conhecer a Ásia: Índia, China, Japão, Tailândia
5. Fazer com que a Pri sinta-se amada e respeitada em casa e no trabalho
6. Ter 3 filhos chamados: Lilly ou Luna, Bernard e Jack
7. Me formar em Harvard

Para a vida inteira

1. Me formar em Harvard
2. Fazer turismo espacial
3. Continuar surfando até os 70 anos
4. Continuar fazendo o que gosto
5. Ter construído uma empresa com mais de 10 mil funcionários
6. Entrar para a vida pública doando todo o meu salário
7. Ser presente na vida dos meus filhos e companheiro da minha esposa até o fim

Eu, **Paulo Tenorio**, me comprometo com o que acabo de escrever.

Meu planejamento de vida está sempre comigo. Deixo-o impresso no meu escritório para nunca o perder de vista e me lembrar de que *as decisões que tomo hoje servem para me aproximar da visão de futuro que construí para mim, para a minha família e para o meu negócio.*

CAPÍTULO 2

UM COPO CHEIO, UM COPO VAZIO

Eu não tinha cara de CEO. Foi isso o que um potencial investidor me disse quando eu estava morando em São Paulo. Em 2016, estávamos passando por uma aceleração no Google: fazíamos parte da primeira turma do programa Google for Startups, que focava capacitar e promover empreendedores de todo o Brasil para escalar os seus negócios. O investidor viu o logo da Trakto, marcou comigo, mas não sabia de onde eu era ou como eu era. E foi um encontro horroroso. Ele foi arrogante e preconceituoso, e me segurei com todas as forças para não estourar.

Mas ali descobri a força do ódio. Essa é uma das estratégias de como se aproveitar de situações negativas para transformá-las em combustível, em gás. Não para ficar abatido ou ruminando o que aconteceu, mas sim para fazer diferente. Sei que dói e incomoda. Você fica triste por um tempo, mas aprendi com a minha mãe a dizer: "Vá se lascar!". E a ideia é fazer isso sem partir para o conflito, mas sim para a ação. Duvidou de mim? Então nos vemos em alguns anos.

A força do ódio é tão forte quanto a do amor. Paixão passa. Tesão passa. Mas amor e ódio ficam. É preciso saber canalizá-los – e foi isso o que eu fiz e ainda faço. Transformo energia negativa em combustível. Posso dizer que me considero um carro híbrido: funciono no amor e no ódio.

Por isso quero que você guarde essa lição e a utilize também nos momentos difíceis. Na minha história, combinando esse fato com algo que aconteceu paralelamente a esse dia, decidi mudar algumas coisas e fazer diferente. Porém, para que você entenda a ideia aqui, tenha em mente que eu sei a importância de fazer parte de um ecossistema para tirar um projeto do papel – a Trakto começou para valer depois que fui campeão no Demoday Alagoas em 2013 e ganhei um cheque que valia uma viagem para o Rio de Janeiro.

Logo depois disso, nos inscrevi no Seed, programa de aceleração do governo de Minas Gerais. A Trakto passou em último lugar. E lá fui eu: me mudei pra Belo Horizonte deixando namorada, família e minha irmã, que estava doente com um câncer agressivo, para ir em busca do meu sonho. Ela me falou: "Paulinho, vá, se dedique, faça tudo o que precisa, pois se eu tivesse saúde era tudo o que eu queria. Faça por mim".

Essas experiências foram fundamentais para a Trakto e sou muito grato a todas elas. No entanto, não queria ser o único a ter essas oportunidades. Desde a primeira vez que tive que sair de Maceió em busca de oportunidades, fiquei pensando: e se não precisássemos sair de onde moramos para ter acesso a essas chances? E se pudéssemos criar novas rotas de negócios e inovação? Esse sentimento somado àquele episódio horrível com o investidor me motivou a criar o Trakto Show, nosso evento que começou em 2017 e hoje é referência nacional em ecossistema de inovação e negócios. Percebe o quão longe a força do ódio pode chegar quando é transformada no combustível correto?

Quanto mais conseguimos descentralizar, maior se torna o nosso potencial de disrupção e transformação. *Quando falta acesso, temos a oportunidade de criar algo novo em vez de tentar replicar uma fórmula de sucesso que todo mundo sabe que não traz garantia nenhuma.*

Enquanto o principal concorrente da Trakto tinha investimento do setor público e privado, nós começamos com o dinheiro que eu tinha na poupança. Essa é a realidade do empreendedorismo raiz no Brasil, especialmente para quem está fora de São Paulo, Santa Catarina, Belo Horizonte e Rio de Janeiro.

Para que você entenda melhor essa lógica, costumo fazer uma analogia com o *copo cheio* e o *copo vazio* ao conversar sobre empreendedores que estão no começo da jornada. Quando decidi fundar a Trakto, tinha o copo cheio da carreira que tinha trilhado até então. Já tinha muita bagagem da minha primeira jornada profissional, trabalhando no mercado criativo. E, nesse sentido, tinha um alto nível de especialidade e muito conhecimento. No entanto, quando decidi mudar de posição, ou seja, não era mais um freelancer ou funcionário,

UM COPO CHEIO, UM COPO VAZIO **43**

agora estava no dia zero da nova jornada, a que me levaria ao papel de CEO. Esse era o meu copo vazio. Ele é, provavelmente, o *seu* copo vazio também.

Ou seja, o copo cheio e o copo vazio falam diretamente com a sua experiência e o seu conhecimento ao atuar em determinadas áreas ou funções. Não tenho dúvidas de que você tem uma grande história. Sei que você sabe muito sobre uma série de coisas. Porém, empreender é uma disciplina nova. Empreender é como começar a andar: você titubeia, começa com pouca confiança, precisa de pontos de apoio, aprende a cair, aprende a se levantar. E reconhecer que você está dando os primeiros passos é importante para não correr riscos desnecessários, especialmente se você tem o orçamento apertado e o tempo jogando contra, assim como aconteceu comigo.

ALÉM DO SONHO, TEM A GRANA

De acordo com um levantamento norte-americano feito com seiscentos empreendedores de pequenos negócios, 65% não acreditavam que tinham capital suficiente para iniciar o seu empreendimento. O que eles fizeram: entenderam como fazer um planejamento de entradas e receitas para otimizar ao máximo os recursos que tinham.[17]

Nos eventos, mentorias e todos os momentos em que tenho a chance de conversar com empreendedores que estão em fase de definição do modelo de negócio, é comum que eu me depare com alguns perfis:

- **Perfil 1:** aqueles que não sabem nem por onde começar e não têm dimensão nenhuma do volume de capital que precisam para colocar o projeto na rua;

- **Perfil 2:** aqueles que não têm acesso às ferramentas e conceitos-chave de negócios, especialmente considerando as rápidas transformações na nova economia;

---

[17] PILON, A. One-third of Small Businesses Start with Less Than $5,000. **Small Business Trends**, 9 jan. 2019. Disponível em: https://smallbiztrends.com/2019/01/startup-funding-statistics.html. Acesso em: abr. 2024.

- **Perfil 3:** aqueles que têm ideia e algum recurso, mas não têm clareza em relação aos custos de tecnologia e equipe para fazer o negócio funcionar;

- **Perfil 4:** aqueles que têm muita dificuldade em mapear o potencial de mercado para a solução que querem vender.

Você se enquadra em algum desses perfis? Analisando cada um deles, quero apresentar a você uma possível solução e oportunidade de desenvolvimento e melhoria. Veja o quadro a seguir.

PERFIL	DESAFIO	OPORTUNIDADE
1	Não sabe por onde começar.	Avalie as suas forças; use um modelo sistematizado para destravar, organizar e avaliar as ideias.
2	Não sabe como estruturar.	Domine os principais modelos de negócio e as suas especificidades.
3	Não sabe quanto vai custar.	Comece pequeno e evolua a partir de indicadores claros.
4	Não sabe qual é o potencial de mercado.	Faça uma avaliação realista, considerando a sua capacidade de absorção, e use o máximo de informações concretas.

Hoje, a barreira de entrada para a maioria dos modelos de negócio é quase nula, especialmente com a acessibilidade da tecnologia. A própria plataforma da Trakto é um exemplo de recurso que permite aos empreendedores vencerem uma série de barreiras, já que qualquer pessoa pode criar um site, uma apresentação ou outro material gráfico para apresentar os seus produtos e serviços em questão de minutos.

Assim, vejo que realmente não é só a capacidade técnica que determina o sucesso ou o fracasso de um negócio. Você precisa ir além:

justamente para decifrar quais serão as suas decisões para competir mesmo quando as condições não são favoráveis.

A visão de começar pequeno é porque, como já disse, a primeira ideia raramente é a ideia final. E se você tiver que pivotar diversas vezes, é melhor fazer isso quando a empresa ainda está leve – ou criar estruturas para fazer mudanças incrementais. Por isso defendo que é preciso ter dois marcos bem-definidos no início da jornada empreendedora:

1. Saber colocar a ideia no papel: tem a ver com clareza da essência do negócio, reflexões e análises de cenário para os potenciais modelos de negócio que você acredita serem interessantes.

2. Saber transformar a ideia em realidade: como você vai executar a ideia, com qual time, com atenção a quais indicadores.

Quando você traça o plano para transformar a ideia em realidade, consegue estabelecer os pontos de mudança de rota para que não coloque esforço e recursos demais no foco errado.

A PRIMEIRA PIVOTAGEM: DA APP STORE PARA A WEB

A jornada da Trakto, como a de muitas startups, foi pavimentada por adaptações e mudanças de rumo. Uma das primeiras grandes lições veio durante um processo de aceleração nos Estados Unidos, na Plug and Play. Foi lá que percebi a limitação do modelo de negócio inicial: a venda de aplicativos na App Store, a loja de aplicativos da Apple.

Vender um aplicativo a um valor de, por exemplo, 10 reais significava abrir mão de 30% para a Apple, restando 7 reais para a Trakto. Considerando custos de aquisição de clientes, como investimentos em marketing, o lucro final seria de apenas 5 reais por cliente. Para atingir uma receita mínima mensal de 50 mil reais seriam necessárias 10 mil vendas – um volume irreal para o mercado de aplicativos de produtividade em 2014, em que a aplicação mais vendida mal ultrapassava 80 mil downloads.

Além do volume de vendas, havia o desafio tecnológico. A inexistência de *gateways* de pagamento, ou intermediários de pagamento conectados, impedia a Trakto de ganhar comissionamento por envio de propostas comerciais. Nem a Apple nem a Play Store do Google ofereciam modelos de assinatura na época.

Diante desse cenário, a primeira grande pivotagem surgiu com a necessidade de mudar o rumo do negócio: tivemos que migrar da plataforma da App Store para a web, ou seja, as pessoas poderiam usar a plataforma diretamente pelos navegadores, sem precisar instalar um software. Ao transformar a Trakto em um software como serviço (SaaS – *software as a service*) on-line, as assinaturas se tornaram viáveis. Logo no primeiro mês, vinte clientes aderiram à nova versão web. Mas a jornada de aprendizado estava apenas começando. A necessidade dos clientes, por mais que exigisse liberdade criativa, evidenciou que era limitante a automação de propostas comerciais sem a possibilidade de customização. Foi assim que nasceu o software de design da Trakto, inspirado em plataformas como o Keynote da Apple. A observação da dor do usuário guiou o desenvolvimento da primeira versão da Trakto Design, marcando mais um passo na busca pelo *product market fit* (PMF) – o encaixe perfeito entre produto e necessidade do mercado.

Lições da primeira pivotagem: muito além da receita

A primeira pivotagem da Trakto, da App Store para a web, foi muito mais do que uma mudança de plataforma. Foi uma aula sobre as necessidades do mercado, a adaptabilidade do produto e, principalmente, a importância de um modelo de negócio escalável. Aprendi que não basta ter vendas, é preciso ter um modelo que permita crescer de maneira sustentável. E assim a experiência me ensinou a questionar não apenas se o produto gerava receita, mas também alguns fatores que explicarei a seguir.

- **Os clientes estão apaixonados pelo produto?** A paixão do usuário é o combustível para o crescimento orgânico e para a fidelização.
- **Eles estão realmente assinando?** A disposição de pagar é um indicador fundamental da validação do produto e do modelo de negócio.

- **O que os clientes mais pedem?** Identificar as funcionalidades mais desejadas direciona o desenvolvimento do produto e garante a satisfação do usuário.
- **O que entregamos gratuitamente que o cliente não valoriza?** Recursos gratuitos que não agregam valor podem ser eliminados, otimizando os esforços de desenvolvimento.

Essas perguntas se tornaram guias para futuras pivotagens, garantindo que as mudanças de rumo fossem baseadas não apenas em receita, mas na construção de um negócio sólido e escalável. Era preciso entender o porquê, o motivo de pivotar, e fazer isso rapidamente, sempre com foco na criação de valor para o cliente e na sustentabilidade do negócio.

O FOCO COMO FERRAMENTA DE PIVOTAGEM: MENOS É MAIS

A primeira versão web da Trakto oferecia duas funcionalidades principais: uma calculadora de diárias de trabalho e a automatização da criação de propostas comerciais, recibos e apresentações. A ideia era otimizar o tempo do profissional criativo, permitindo que ele se concentrasse na parte que mais gostava: criar.

No entanto, durante o processo de pivotagem, percebemos a necessidade de focar uma única dor do cliente. Abandonamos a calculadora e concentramos esforços na plataforma de design, em que víamos maior engajamento e potencial de monetização.

Essa decisão demonstrou a importância de priorizar e focar uma única necessidade do mercado. Em vez de oferecer um conjunto de funcionalidades dispersas, a Trakto passou a se concentrar em solucionar um problema específico de modo eficiente, aumentando o valor percebido pelo cliente e pavimentando o caminho para a criação de um modelo de negócio escalável.

A lição aprendida foi clara: menos é mais. *Focar uma única dor do cliente é mais eficaz do que tentar abraçar o mundo com um produto genérico.*

Duas das premissas que guiaram o desenvolvimento da plataforma da Trakto foram: ser o modelo mais acessível possível e ter uma solução *freemium*, ou seja, mesmo aqueles que não pudessem pagar pela plataforma teriam acesso aos recursos. A única moeda de troca seria que o material do usuário que usa o modelo gratuito teria a marca d'água com o logo da Trakto. Esse modelo funcionou – e ainda funciona.

Contudo, o crescimento nesse formato é mais lento. Por isso, desde 2022, pivotamos uma adaptação das nossas soluções para o modelo B2B. Para acelerar o crescimento da receita e conseguir uma vertical com menos competidores, miramos os clientes corporativos.

VOCÊ NUNCA TERÁ CERTEZA ABSOLUTA, MAS PODE TER *CONVICÇÃO*

Outro dia, ouvi um empreendedor dizer: "Queria tomar uma decisão com a certeza absoluta de que essa ideia vai dar certo". Quem não queria isso, não é mesmo?! Só que, embora não tenhamos certeza de nada, nós podemos dar passos com convicção. Respeitando os fundamentos que nos dão a base para agir.

Há uma máxima no mundo dos negócios que é o *princípio dos 51%*. Conheci este termo por meio do professor e autor dr. Angus McLeod, e basicamente quer dizer que, em qualquer situação, se você assume que é 51% responsável pelo resultado, você agirá com o estado mental mais adequado para lidar com os potenciais conflitos.[18] Para empreendedores, esse princípio é lido como a clareza de que a maioria das decisões não são tomadas quando temos 100% de certeza, mas com a inclinação (51%) à convicção de que estamos no caminho certo; e que, mesmo nos dias em que você não tem 100% de energia e paixão, basta ter 51% para não desistir.[19]

A realidade é que *empreender é uma jornada de longo prazo*. Isto é, somos tentados a acreditar que o sucesso está diretamente relacionado ao tamanho do nosso negócio, ao alcance da nossa marca ou ao número de clientes que atendemos. Mas a verdade é que grandes

---

[18] MCLEOD, A. Dissatisfaction does not work. **LinkedIn**, 19 mar. 2015. Disponível em: https://www.linkedin.com/pulse/dissatisfaction-does-work-prof-angus-mcleod-phd-. Acesso em: abr. 2024.

[19] HOUGHTON, N. Why entrepreneurs need to reset their expectations in 2024. **Crunchbase News**, 12 fev. 2024. Disponível em: https://news.crunchbase.com/startups/entrepreneurs-expectations-2024-houghton-incendium/. Acesso em: abr. 2024.

conquistas muitas vezes começam de maneira modesta, com pequenos passos e uma visão clara do que queremos alcançar.

Quando comecei a Trakto, não tínhamos um escritório luxuoso, uma equipe enorme ou um orçamento ilimitado. Éramos apenas um grupo de pessoas apaixonadas por nossa ideia e determinadas a transformá-la em realidade. E foi com essa mentalidade que demos os primeiros passos, aceitando o fato de que teríamos que começar do zero e construir tudo a partir dali.

A falta de recursos e o tamanho reduzido da nossa operação não nos impediram de sonhar grande. Pelo contrário, nos motivaram a ser criativos, a encontrar soluções inovadoras e a aproveitar ao máximo os recursos que tínhamos disponíveis. Aprendemos a fazer mais com menos, a buscar parcerias estratégicas e a focar o oferecimento de um valor excepcional aos nossos primeiros clientes.

Não importa o quão pequeno você comece, desde que saiba qual é o seu propósito e a sua proposta de valor. Lembre-se de que a confiança e a credibilidade são conquistadas com o tempo, e cada pequena vitória é um passo na direção certa. Outra vantagem de começar pequeno é a flexibilidade e a agilidade que você ganha. Ao ter uma equipe enxuta e processos simplificados, você tem a liberdade de testar, experimentar e iterar rapidamente.

Além disso, começar pequeno permite que você se concentre nos detalhes, nas necessidades específicas dos seus clientes e na construção de relacionamentos sólidos. Você pode oferecer um atendimento personalizado, entender profundamente as dores e os desejos do seu público-alvo e desenvolver soluções que realmente façam a diferença. Essa atenção aos detalhes e o foco no cliente são ingredientes essenciais para construir uma base sólida para o crescimento futuro. Então abrace essa fase inicial como uma oportunidade de aprendizado, construção e fortalecimento. E lembre-se de que, por mais que você esteja em uma fase inicial com o copo vazio, o copo cheio está logo adiante para coroar tudo o que veremos por aqui. Basta ter paciência e seguir o que será proposto.

Agora, vamos seguir, porque temos muito trabalho a fazer.

CAPÍTULO 3

UM JEITO BRASILEIRO DE EMPREENDER

Ao longo do caminho, encontrei muita gente que dominava a teoria sobre negócios, mas não tinha nada de prática. Por outro lado, conheci também muitas pessoas que tinham uma bagagem prática superinteressante, mas pouca ou nenhuma teoria. E a grande questão é que, para empreender com mais chances de sucesso, nós precisamos das duas coisas. Empreender exige que você aprenda a se desvencilhar de opiniões e comece a construir a sua visão de mundo a partir de fatos.

Este capítulo se chama "Um jeito brasileiro de empreender" porque eu defendo que o Brasil é o melhor lugar do mundo para brasileiros empreenderem. Todo mundo pensa que lá fora é mais fácil, mas eu vejo que aqui é onde temos as melhores ferramentas e oportunidades para nós, brasileiros.

Os Estados Unidos é o país que mais representa o capitalismo e o perfil empreendedor que faz parte do nosso imaginário. No entanto, diversos estudos endossam que lá, onde os maiores investimentos são realizados, o dinheiro não é distribuído como tendemos a acreditar que seja. Para citar apenas alguns dados, levantamentos realizados em 2022 indicaram que fundadores negros receberam 1% dos investimentos em 2020 e 1,4% em 2021 – mesmo pessoas negras representando mais de 13% da população norte-americana.[20] Além disso, enquanto pessoas de origem hispânica e latina representam 18,9% da população, apenas 2% dos investimentos são direcionados a esses fundadores – mesmo com indicadores apontando que negócios fundados por empreendedores latinos tenham melhores pontuações de crédito e apresentem crescimento de receita mais rápido comparado

---

[20] BRIDGING the black founders venture capital gap. **Accenture**, 16 fev. 2022. Disponível em: https://www.accenture.com/us-en/insights/technology/black-founders. Acesso em: abr. 2024.

ao desempenho de empresas que não tenham pessoas latinas entre os fundadores.[21]

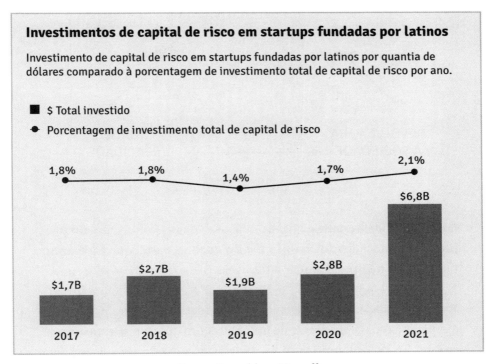

Fonte: Crunchbase News.[22]

Perceba que não estou trazendo esses dados para dizer que aqui é fácil empreender. Há desafios gigantescos, mas ainda assim é o lugar com o maior potencial para os brasileiros. Só precisamos de mais equipes trabalhando juntas e criando oportunidades.

EMPREENDEDORISMO PARA BRASILEIROS

Gosto muito de uma visão do ato de empreender que passa por três pilares:

---

[21] PARDES, A. Latino founders have a hard time raising money from VCs. **Wired**, 26 jan. 2022. Disponível em: https://www.wired.com/story/latino-founders-hard-raising-money-vcs/. Acesso em: abr. 2024.

[22] TURI, J. B. VC funding to early-stage latine-founded startups in the US has stalled. Here's why that matters. **Crunchbase News**, 26 jan. 2022. Disponível em https://news.crunchbase.com/startups/latinx-startup-founders-vc-funding-something-ventured/. Acesso em: abr. 2024.

Defina a sua ideia criativa: qual é a sua visão de negócio? Qual é o problema do mercado, do ecossistema do qual faz parte, que a bagagem que você já tem pode ajudar a resolver?

Torne-a realidade: depois de colocar a sua ideia criativa no papel, qual é o percurso para ela deixar de ser apenas uma ideia e se transformar em um negócio? Como você vai fazer para que essa tese de empresa seja algo sustentável? Como seu negócio vai ganhar tração?

Devolva-a para a sociedade: quem escolhe o caminho do empreendedorismo faz isso porque sonha em criar valor econômico e social. Empreendedor tem vontade de fazer acontecer porque toma para si a responsabilidade de mudar a realidade de outras pessoas, e não apenas a sua, até porque entende o contexto em que tem a capacidade de influenciar.

Defendo muito essa visão de ecossistema para o empreendedor porque é isso que faz com que elevemos as condições não só do ponto de vista de quem quer abrir um negócio, mas também para todos que podem se beneficiar dele. Um mapeamento recente feito pelo Global Entrepreneurship Monitor avaliou as condições do contexto brasileiro. Veja a figura a seguir.

Fonte: Global Entrepreneurship Monitor.[23]

Algumas conclusões interessantes desse panorama são:
- Temos uma boa maturidade em termos de infraestrutura física, comercial e legal;
- Há muita oferta de educação empreendedora para adultos. No entanto, há uma grande lacuna para o ensino dessa disciplina (inclusive para estimular a formação de intraempreendedores) durante a formação básica dos estudantes;
- Nosso mercado já é bastante dinâmico, porém há muita oportunidade de desenvolver programas com parcerias do setor público e estratégias para melhorar as condições de financiamento.

[23] ENTREPRENEURIAL Behaviour and Attitudes: Economy Profiles – Brazil. **Global Entrepreneurship Monitor**, 2023. Disponível em: https://www.gemconsortium.org/economy-profiles/brazil-2. Acesso em: abr. 2024.

Quanto mais fortalecermos essa atitude empreendedora respeitando esse ciclo que se inicia com a sua ideia de negócio e entra em um looping positivo de retribuição, melhor se tornarão as condições no nosso país para que negócios prósperos surjam.

COMO UMA IDEIA VIRA UM NEGÓCIO QUE DÁ CERTO?

O cálculo que precisa ser feito para saber se um negócio tem potencial ou não, tem esses componentes:

- Qual é o problema que você vai atacar?
- Qual é a solução que vai oferecer para combater o problema?
- Quantas pessoas estão com você nessa jornada?
- Quanta garra você está disposto a ter para fazer acontecer?
- Qual é o investimento disponível?
- Quantas pessoas podem pagar por essa ideia?

Essas perguntas se organizam exatamente como uma equação:

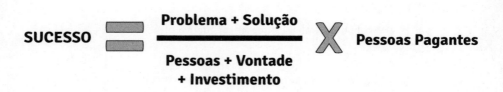

$$\text{SUCESSO} = \frac{\text{Problema} + \text{Solução}}{\text{Pessoas} + \text{Vontade} + \text{Investimento}} \times \text{Pessoas Pagantes}$$

Empresas têm tudo a ver com resultados. Tudo o que não se traduz em resultados não é negócio. Como empreendedor, você será responsabilizado pelos resultados. Ou seja, você é responsável se falhar.

Para quem quer empreender em tecnologia, por exemplo, ter um produto bonito não significa que você terá lucro. E essa é a parte mais difícil para quem quer fazer o produto mais bonito do mundo para os seus clientes. Se você não estiver resolvendo um problema deles, não importa quão disruptiva seja a sua ideia.

Quando se está na linha de frente de uma empresa, é preciso estar com olhos e ouvidos bem atentos. É preciso testar muito e usar os feedbacks duros e diretos para tomar decisões rápidas enquanto há dinheiro no banco.

SUA IDEIA CRIATIVA PRECISA SER UMA IDEIA DE NEGÓCIO, NÃO A IDEIA MAIS BONITA.

TRAÇÃO E RESULTADO
@PAULOTRAKTO

Se estamos falando de resultados e dinheiro, estamos falando de empresas que precisam vender, seja no setor de tecnologia ou não. Parece óbvio, mas as pessoas geralmente esquecem essa parte da história. Uma startup precisa de clientes pagantes para sobreviver. *Sua ideia criativa precisa ser uma ideia de negócio, não a ideia mais bonita.*

UMA IDEIA CRIATIVA PARA UM SETOR TRADICIONAL

Veja o caso da Mandaê, por exemplo. Marcelo Fujimoto e Karim Hardane fundaram a startup em 2014, com uma proposta para solucionar os problemas de logística e de envio de produtos para pequenos negócios on-line. Seus clientes-alvo eram empresas de pequeno porte e pessoas físicas que vendessem grandes volumes em plataformas de marketplace.

Os dois viram o tempo e o dinheiro que essas empresas gastavam com a compra de materiais de embalagem, com o processo de embalagem em si, com o transporte para agências dos Correios ou outros serviços de entrega e com os fretes, que variavam muito de valor. E isso se torna uma dor de cabeça ainda pior para os empreendedores que não têm um time dedicado exclusivamente para a logística. A Mandaê entendeu que, em média, 12,37% do faturamento bruto das empresas é direcionado para cobrir custos logísticos e eles poderiam apoiar os negócios de maneira completa e mais simplificada.[24]

Eles viram essa dor de comerciantes brasileiros e resolveram atacar exatamente nesse ponto: facilitar a logística das entregas, buscando os produtos diretamente com os vendedores, embalando-os e entregando nas mãos da transportadora mais adequada para o produto e o trajeto, economizando tempo e dinheiro dos seus clientes. E tudo feito por um aplicativo, ou seja, do celular mesmo.

Essa ideia de negócio obteve um investimento inicial de 200 mil dólares[25] e, em 2015, com um ano de operação, os clientes da Mandaê

---

[24] MANDAÊ. Disponível em: https://www.mandae.com.br/a-mandae/. Acesso em: abr. 2024.

[25] FONSECA, A. Mandaê, startup de entregas lançada em abril, conquista capital semente de US$ 200 mil. **Pequenas Empresas & Grandes Negócios**, 12 maio 2014. Disponível em: https://revistapegn.globo.com/Noticias/noticia/2014/05/mandae-startup-de-entregas-lancada-em-abril-conquista-capital-semente-de-us-200-mil.html. Acesso em: abr. 2024.

tiveram uma redução de 55% nos seus gastos com serviços de entrega.[26] Hoje, a empresa oferece uma plataforma de acompanhamento das vendas, com integração direta com marketplaces, e expandiu o seu atendimento para grandes players. Ou seja, é um exemplo muito interessante de mapeamento de uma dor latente do mercado, capaz de combinar diferentes parceiros do ecossistema em que queriam atuar com uma alta demanda para a solução.

O setor de logística não era um *setor novo*, pelo contrário, sempre foi um setor bastante tradicional, com empresas já bastante consolidadas. Isso não significava que não havia, ali, uma oportunidade de inovação. Por isso, quando digo que a sua ideia criativa precisava ser uma ideia de negócio é exatamente o percurso da Mandaê que exemplifica bem essa questão. Como demonstraram no próprio pitch de captação do primeiro investimento, eles identificaram um mercado de demanda recorrente, oportunidade de crescimento a longo prazo, especialmente com a expansão do comércio eletrônico, e uma solução para um problema óbvio e que diminuiria a fricção no fluxo operacional das empresas. Além de tudo isso, já tinham resultados bem-sucedidos com os usuários beta da solução.[27]

Gente que disse vamo que vamo

Kelma Cabral é uma empreendedora alagoana, da cidade de Delmiro Gouveia. Desde 2016, ela vende sanduíches naturais, mas, a partir de 2019, começou a jornada para dar uma guinada no negócio. Nesse ano, saiu de sua cidade sem dinheiro e foi com a cara e a coragem para Maceió. Pela primeira vez, ela participaria de um grande evento,

---

[26] FUNDADORES da Mandaê fazem imersão em clientes para entender a demanda e aprimoram o modelo da startup de logística. **Mundo Logística**, 15 jun. 2016. Disponível em: https://mundologistica.com.br/noticias/fundadores-da-mandae-fazem-imersao-em-clientes-para-entender-a-demanda-e-aprimoram-o-modelo-da-startup-de-logistica. Acesso em: abr. 2024.

[27] FUJIMOTO, M. The pitch deck we used to raise $200,000 for our brazilian startup. **Slideshare**, 15 jun. 2014. Disponível em: https://pt.slideshare.net/celocelo/mandae-slideshare-35898022. Acesso em: abr. 2024.

o Trakto Show. Ela só tinha o ingresso, então, para custear os seus dias na cidade, vendeu sanduíches naturais escondida. Dois anos depois, em 2021, voltou ao Trakto Show como case do Sebrae. E, em 2023, já estava com o próprio espaço na feira de negócios do evento.

A Kelma entendeu rápido que, para expandir o seu negócio com os sanduíches, ela precisava ampliar os seus canais de venda. Ao se aproximar do Sebrae, começou a fortalecer uma rede ativa de colaboração em muitas frentes:

- A partir do Sebrae, começou a participar de consultorias e eventos, além de ter aprendido sobre os conceitos práticos de gestão de negócios;
- A ida ao Trakto Show foi o processo dela de interagir com outros modelos de negócio, trocar aprendizados e identificar oportunidades para todas as ideias que ela já carregava dentro de si;
- Depois de tudo isso, criou um núcleo de mulheres empreendedoras que se reúnem para falar sobre negócios e compartilhar experiências com o apoio do Sebrae.[28] Ou seja, além de ter um negócio em expansão, Kelma está ajudando outras empreendedoras a irem mais longe!

Essa é uma das histórias inspiradoras de empreendedoras e empreendedores que disseram sim às suas ideias e fizeram diferente. Não é fácil, assim como não foi para ela, mas é possível. E essa sensação de possibilidade é o que você precisa carregar consigo para colocar em prática as suas ideias.

---

[28] FERRO, I. Empreendedora de Delmiro Gouveia aposta em estilo de vida saudável. **Agência Sebrae de Notícias**, 16 mar. 2023. Disponível em: https://al.agenciasebrae.com.br/cultura-empreendedora/empreendedora-de-delmiro-gouveia-aposta-em-estilo-de-vida-saudavel/. Acesso em: abr. 2024.

PARTE 2:
DEFINA A SUA IDEIA CRIATIVA

COMECE PELO FINAL. O FINAL É O RESULTADO DA SUA IDEIA.

CAPÍTULO 4

A GRANDE IDEIA ESTÁ NA SUA HISTÓRIA

Especialmente nos dias de hoje, é fácil se prender ao emaranhado de ideias que surgem e desaparecem em segundos. Muita gente me pergunta: "Como você teve a ideia da sua startup?". E geralmente a resposta desaponta. Digo sempre que, um dia, depois de dez anos no mercado, cansei de ver profissionais e empresas brigando em vez de negociar. Cansei de ver amigos saírem do mercado criativo por não saberem se vender. E principalmente: não aguentava mais ver profissionais reclamando que o mercado não prestava. Sabia que a grande maioria não sabia se vender e foi isso que me motivou a buscar uma alternativa para apoiar todas essas pessoas.

Essa é a realidade, mas é uma resposta que desaponta porque todo mundo espera uma fórmula, uma metodologia ou algo facilmente replicável. Na verdade, a arte de colocar uma ideia no papel é relativamente simples. Leva tempo e observação. A dificuldade é saber qual ideia você deve colocar no papel. E, principalmente, analisar se você tem os recursos e o conhecimento necessários para viabilizá-la.

É por isso que eu digo que a grande ideia que você busca pode já estar na sua história: nas experiências que você tem, na bagagem que acumulou, em uma visão para algo que é aparentemente comum, mas que apenas você percebe que poderia ser diferente.

E por onde começar?

Comece pelo fim. Isso mesmo. Não é piada. O fim é o resultado da ideia. Como e quem sua ideia vai ajudar? Qual é o impacto que ela vai causar? Qual é o resultado prático da sua ideia na vida de uma pessoa, de um grupo de pessoas ou na sociedade? No fim das contas, *ajudar as outras pessoas é fazer negócio.*

As ideias mais incríveis do mundo vieram de indivíduos que tentavam desesperadamente ajudar os outros a resolver um problema. Da lâmpada ao iPhone. Tudo passa por um processo de profunda análise da vida e das pessoas ao seu redor. Sempre que alguém tem uma ideia que se destaca, no fundo esse empreendedor ou empreendedora está resolvendo um problema que afeta muitos indivíduos.

E, embora você, como líder de uma empresa, precise se preocupar – e muito – com dinheiro (empreendedores pensam em dinheiro o tempo todo!), eu não acredito que se deve ter uma ideia pensando no dinheiro logo de cara. Na minha visão, se você coloca o dinheiro na frente, é provável que pule etapas fundamentais para um negócio que vá ter tração e resultado a longo prazo.

Para mim, *dinheiro é consequência de um ciclo de ações*. Fazer alguém voluntariamente tirar o dinheiro da carteira e pagar por um serviço seu é algo extremamente complexo, ainda mais porque, durante esse processo de transação financeira, você ainda precisa encantar o cliente fazendo com que ele compre novamente. Gerar esse efeito é ainda mais difícil. Então, antes de pensar em dinheiro, é preciso descobrir *quem você quer atender*. É a partir do cliente que a ideação começa!

Nesses últimos anos, aprendi a importância fundamental de encontrar e atuar em um nicho de mercado específico. Foi esse entendimento que impulsionou o crescimento e o sucesso da nossa empresa.

Um exemplo concreto foi o lançamento do nosso produto chamado Design Fácil para Pequenos Negócios. Percebemos que havia uma demanda crescente por soluções de design acessíveis e eficientes para empreendedores e pequenos negócios em todas as áreas. Ao nos concentrarmos em atender às necessidades específicas desse público, pudemos criar uma oferta direcionada e altamente valorizada. Esse foco nos permitiu estabelecer uma posição sólida nesse nicho e nos tornar referência no setor.

Esse produto reflete o posicionamento que construímos para atender uma parcela do público que tinha algumas características. São elas:

- Precisavam de peças bem específicas para os seus negócios, como logotipo, cardápio e materiais para redes sociais;

- Na grande maioria das vezes, são negócios com uma equipe de marketing muito enxuta, talvez até mesmo uma única pessoa para operacionalizar toda a estratégia de comunicação;
- Precisávamos entregar algo facilmente adaptável para que o produto ganhasse escala.

Essa análise de um público específico nos ajudou, mais adiante, em um outro projeto em parceria com o iFood. Passamos a oferecer soluções para que os restaurantes cadastrados na plataforma pudessem alavancar as suas estratégias de marketing com peças de comunicação profissionais.

Tenho vários amigos empreendendo com restaurantes e delivery de comida, e acompanhava a dor deles de criar materiais matadores. Assim como comemos com os olhos, a compra também acontece pelo impacto de uma boa peça visual daquele produto ou serviço. Então, antes mesmo de termos a parceria com o iFood, eu já enxergava o potencial de apoiarmos os pequenos restaurantes.

Mergulhamos ainda mais no dia a dia desses empreendedores para criar e integrar a experiência de comunicação visual com a rotina do restaurante que usa o iFood como seu principal canal de venda. Esse olhar integral do iFood para atender bem os seus principais parceiros e, do nosso lado, a clareza de que o nosso papel é ajudar os pequenos negócios a venderem mais por meio do design geraram uma combinação explosiva e uma proposta de alto valor para todas as pontas.

Assim, conseguimos captar clientes qualificados com uma força de atração que vem diretamente da base do iFood, potencializando a nossa geração de receita. O restaurante que usa a nossa solução também é beneficiado com os resultados de vendas e consegue apresentar os seus produtos de maneira muito mais atrativa e, por fim, o iFood mantém o restaurante satisfeito com a plataforma e engajado para continuar enxergando valor na parceria.

ENTÃO, QUEM VOCÊ QUER ATENDER?

Compreender profundamente a persona do nosso público-alvo foi decisivo para nossa estratégia. Ao começar a nossa jornada, sabíamos que precisávamos identificar com precisão quem seriam os nossos principais usuários e como poderíamos atendê-los de maneira personalizada a ponto de isso se tornar um diferencial competitivo.

Iniciamos a nossa pesquisa realizando entrevistas e pesquisas detalhadas com pequenos empresários e empreendedores de diversas áreas, desde o setor de alimentos e bebidas até o mercado de artesanato e moda. Queríamos saber quem eram eles, quais eram os seus principais desafios e dores, e como poderíamos ajudá-los a superá-los.

Foi por meio dessas interações que conhecemos a nossa persona principal, ou seja, a representação do nosso cliente ideal, a quem chamamos de *empreendedor conectado*: um empreendedor ambicioso, com conhecimentos básicos em design e marketing, mas que deseja criar materiais de alta qualidade para promover os seus negócios. Ele valoriza a praticidade, a agilidade e a economia de tempo e busca soluções que possam atender a essas necessidades.

Nossa persona, o *empreendedor conectado*, tem presença ativa nas mídias sociais e entende a importância de uma marca forte. No entanto, muitas vezes ele se sente sobrecarregado com a complexidade das ferramentas de design disponíveis no mercado.

Foi a partir dessa compreensão que percebemos que poderíamos oferecer uma solução intuitiva e acessível, permitindo que esses empreendedores criassem os próprios materiais promocionais de modo rápido e profissional.

Ao desenvolver a Trakto, mantivemos a nossa persona em mente em cada etapa do processo. Isso nos permitiu adaptar a plataforma e os recursos para atender às necessidades específicas do *empreendedor conectado*. Além disso, pudemos criar conteúdos e materiais educativos direcionados a esse público, fornecendo dicas e estratégias relevantes para a sua jornada empreendedora.

Por isso, acredito que entender a sua persona é fundamental para o sucesso de qualquer negócio. Quando você conhece profundamente quem são os seus clientes ideais, você pode direcionar os seus esforços e recursos de modo mais eficaz. É uma maneira de criar conexões reais e significativas com o seu público, construindo relacionamentos duradouros e impulsionando o crescimento da empresa.

Portanto, não subestime o poder de conhecer a sua persona. Invista tempo e recursos na pesquisa e na análise do seu público-alvo.

Compreender as suas necessidades, desejos e motivações permitirá que você ofereça soluções relevantes e se destaque.

Mas talvez você esteja pensando: *Ok, Paulo, mas como é que eu encontro minha persona?* Em primeiro lugar, é necessário começar com uma autorreflexão para depois expandir essa análise para o seu entorno ao traçar o seu *nicho de mercado*.

Bora fazer dar certo
As etapas para identificar seu público-alvo ideal

1. Analise as suas habilidades e paixões: pergunte a si mesmo no que você é realmente bom e o que realmente lhe motiva. Ao encontrar uma área que combine as suas habilidades e paixões, você terá uma base sólida para criar um negócio diferenciado.

2. Identifique as necessidades não atendidas: observe atentamente o mercado e as lacunas e necessidades que ainda não foram adequadamente supridas. Procure por problemas específicos que os empreendedores e pequenos negócios enfrentam em todas as áreas. Essas necessidades não atendidas podem ser a sua oportunidade de se destacar e oferecer uma solução única.

3. Pesquise e analise o seu público-alvo: realize pesquisas de mercado, entrevistas com clientes existentes e/ou potenciais e colete dados relevantes sobre o seu público. Explore as características demográficas dele, como idade, gênero, localização geográfica e status socioeconômico, mas também dedique tempo para compreender as características comportamentais, como dores, desejos, hábitos de consumo, interesses, hobbies e comportamentos.

4. Defina a sua persona: a partir de todos os dados coletados, faça o agrupamento de modo que construa uma ou, no máximo, três personas, dependendo do seu leque de potenciais produtos e serviços. Dê um nome, características demográficas, comportamentais e aspirações a essa persona. Ela personifica os traços e características do seu público-alvo, ajudando você a entender melhor os desejos, necessidades e dores desse público. Criar uma persona sólida é essencial para direcionar as suas estratégias de marketing e comunicação. A partir disso, você poderá criar conteúdos, produtos e serviços que realmente ressoam com seu público, aumentando as suas chances de sucesso.

5. Desenvolva uma narrativa detalhada: dê vida à sua persona criando uma história fictícia sobre ela. Dê a ela um nome, idade, profissão e histórico de vida. Quanto mais detalhada for a narrativa, mais fácil será entender as necessidades e os desejos da persona. Para fazer isso, utilize os dados coletados até aqui.

6. Revise e atualize regularmente: a persona não é uma representação estática do seu público-alvo. Ela pode evoluir ao longo do tempo, portanto é importante revisar e atualizar as suas personas periodicamente para mantê-las alinhadas com as mudanças no mercado e nas necessidades dos clientes.

Na prática: nicho e persona da Trakto

Ao analisar minhas paixões e habilidades, vi que poderia contribuir e muito com os pequenos empreendedores ao desenvolver soluções criativas para que eles tivessem peças de comunicação profissionais, e de maneira mais rápida, simples e acessível. Assim, eu posicionaria o meu negócio no *nicho de comunicação e marketing*.

Definir *quem eu queria atender* fez com que pudéssemos entender qual seria o nosso *posicionamento* no nicho em que escolhemos: *uma plataforma de design gráfico on-line cujo objetivo é empoderar pessoas e empresas através do design e da criatividade.*

Agora, para ter sucesso, precisávamos mergulhar no cliente ideal, e assim nasceu a persona *empreendedor conectado* que apresentei anteriormente. Contudo, como você viu nos nossos passos, a persona não é algo estático, é uma reflexão evolutiva.

Conforme a Trakto amadureceu, nós entendemos que o *empreendedor conectado* pertencia a um ecossistema e, portanto, poderíamos encontrar caminhos para chegar até ele por diferentes vias. Nesse contexto, alguns agentes se destacam: as grandes empresas que investem e anunciam para o nosso cliente ideal, como o iFood e o Google. Assim, criamos linhas de negócios porque percebemos que mesmo essas gigantes também tinham a dor da escala de design e, com a nossa infraestrutura, poderíamos conectar as duas pontas.

Trago isso para deixar uma coisa bem clara para você: ao dominar a sua persona e a sua evolução, ao mergulhar no ecossistema ao qual ela pertence, você também destrava novas oportunidades conforme a sua empresa ganha maturidade. E faz isso, claro, sem desviar do seu posicionamento.

DEPOIS DESSE EXERCÍCIO, COMO SABER SE VOCÊ ESCOLHEU O NICHO E A PERSONA CERTOS?

Não dá para saber antes de testar. Na fase de ideação, você faz escolhas a partir de uma visão de futuro e convicção do seu potencial para preencher uma lacuna no mercado. No entanto, mesmo nessa primeira etapa, é importante que você siga o processo, pois é cumprindo todas as etapas que terá mais segurança antes de dar os próximos passos.

Tem algumas pessoas que ficam com medo, por exemplo, de compartilhar as suas ideias com outras. Têm receio de que alguém vá roubá-las. Para mim, existem duas máximas importantes nesse sentido: 1) Sempre conte as suas ideias. A chance de alguém "roubar" a sua ideia passa perto de ser zero. Imagine que, para uma pessoa copiar totalmente a sua ideia, ela teria que abandonar as próprias ideias antes – e isso é bem difícil. 2) Tudo envolve execução. Você deve, sim, proteger o resultado do seu trabalho. Mas a ideia não tem dono. A não ser patentes, que para mim já se encaixam como resultado de trabalho.

Falo com muitas pessoas que chegam pedindo ajuda sobre uma ideia que tiveram, mas não a contam com medo de ser roubada. Essa é a pior estratégia que você pode ter, pois alguém pode abrir uma porta para um próximo passo, pode financiar e pode até construir esse projeto junto com você.

Contudo, ao mostrar para outras pessoas o que você está pensando, é importante também estar convicto das suas escolhas. E digo isso porque você precisará tomar muito cuidado com a influência de comentários alheios a respeito do que quer construir. Muita gente me disse que a ideia da Trakto não era boa, que era loucura e não funcionaria. Precisei ter segurança, assim como você precisa ter também, para separar os bons insights do que é apenas pessimismo. Como eu disse, *é tudo sobre execução*. Por isso, não se preocupe em ter uma ideia muito diferente nem leve em consideração apenas a opinião alheia. O que você precisa ter é um processo de validação constante.

Então, como falamos neste capítulo, tudo começa pelo cliente que você quer atender. Esse cliente ideal não é alguém que você inventa, é uma persona que você constrói a partir da combinação das suas habilidades, da entrevista com pessoas reais e da análise do mercado. Percebe a diferença? Esse é um dos primeiros passos da construção.

CAIXA DE FERRAMENTAS

Ao encontrar o seu nicho e a sua persona, você começará a ter um milhão de ideias de possíveis soluções para atender esse potencial cliente. Então, para colocar isso em prática, você precisará:

1. Organizar o fluxo de ideias;
2. Priorizar as ideias;
3. Estabelecer ações para validar as ideias.

Vamos falar sobre cada um desses processos?

(1) COMO ORGANIZAR O FLUXO DE IDEIAS

Uma das ferramentas mais eficazes para organizar e visualizar as suas ideias é o *mind mapping*, também conhecido como mapa mental. É uma técnica que permite mapear as suas ideias de maneira não linear, estimulando a criatividade e a conexão de conceitos. E para colocar o mapa mental em prática, acredito que existem nove passos fundamentais. São eles:

1. Escolha uma ferramenta: existem várias opções disponíveis para criar mapas mentais, desde aplicativos até papel e caneta. Escolha a ferramenta que melhor se adapta ao seu estilo e preferência. No meu

70 TRAÇÃO E RESULTADO

caso, gosto bastante do Miro, uma plataforma de colaboração digital excelente para registrar os aprendizados e que ainda oferece o compartilhamento de maneira dinâmica com o seu time.

2. Defina o tópico central: comece pelo principal objetivo ou ideia, que pode ser solucionar a principal dor da sua persona. Escreva-o no centro do mapa mental e desenhe um círculo ao redor.

3. Explore os ramos: a partir do tópico central, crie ramificações em direções diferentes. Elas representam subtemas ou conceitos relacionados à ideia central. Conecte cada ramo ao tópico central com uma linha ou uma seta.

4. Adicione sub-ramos: à medida que você explora cada ramo, adicione sub-ramos para detalhar ainda mais as informações. Isso ajudará a expandir e conectar as suas ideias de modo mais completo.

5. Use cores e ícones: para tornar o seu mapa mental mais visual e intuitivo, utilize cores diferentes para cada ramo ou destaque informações importantes. Além disso, você pode adicionar ícones ou imagens que simbolizam conceitos específicos.

6. Faça conexões: à medida que você adiciona mais informações ao seu mapa mental, observe as conexões entre diferentes ramos e sub--ramos. Identifique padrões, relacionamentos e sinergias que possam surgir entre as ideias.

7. Organize e reorganize: enquanto as suas ideias se desenvolvem, você pode precisar reorganizar ou ajustar a estrutura do seu mapa mental. Não tenha medo de fazer alterações conforme necessário para melhorar a clareza e a compreensão.

8. Faça a validação: como citei anteriormente, converse com pessoas reais. Nós entrevistamos pequenos empreendedores de diferentes contextos para identificarmos se o problema que queríamos resolver realmente era importante para eles. Então faça entrevistas! Para isso, você pode usar ferramentas como o Typeform ou o Google Formulários.

9. Revise e refine: depois de realizar as entrevistas, é hora de analisar essas respostas com o seu mapa mental inicial. Revise e refine-o com o que tiver descoberto. Elimine redundâncias, simplifique conceitos complexos e adicione detalhes adicionais conforme necessário.

O *mind mapping* é uma ferramenta flexível e personalizável, permitindo que você organize as suas ideias de acordo com suas preferências e necessidades específicas. Ele ajuda a estimular a criatividade, a explorar conexões e a visualizar a estrutura das suas ideias de maneira eficaz.

Ao utilizar o *mind mapping*, você poderá organizar as ideias de modo não linear, capturar insights valiosos e obter uma visão clara de como todas as peças se encaixam. Essa abordagem estruturada e visual irá ajudá-lo a desenvolver as suas ideias de maneira mais eficiente, tomar decisões informadas e transformar as suas visões em realidade.

(2) DEPOIS DO MAPA MENTAL, É HORA DE FAZER ESCOLHAS

Nem todas as ideias são igualmente importantes ou viáveis. Dedique um tempo para analisar e priorizar aquelas que passam por critérios como potencial de impacto, recursos necessários e alinhamento com seus objetivos de negócio.

Você pode organizar as iniciativas que concluir desse processo de pesquisa em uma matriz de priorização. A partir dos eixos impacto e esforço, organizamos os projetos em quatro quadrantes:

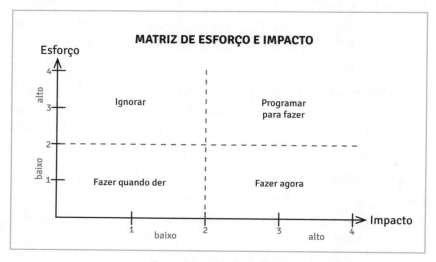

Fonte: Euax Consulting.[29]

---

[29] KOLB, N. Priorização de projetos: conheça 4 ferramentas para selecionar as melhores iniciativas para o seu negócio. **Euax Consulting**, 8 set. 2014. Disponível em: https://www.euax.com.br/2014/09/priorizacao-selecao-projetos-portfolio/. Acesso em: mai. 2024.

1. Fazer agora: ideias que não demandam muito esforço e que geram resultados rápido, com alto impacto;

2. Programar para fazer: ideias com potencial de trazer alto impacto, mas que exigem mais esforço. Por isso, precisam entrar na esteira de planejamento;

3. Fazer quando der: ideias que não demandam muito esforço, no entanto, como geram baixo impacto, não entram na escala prioritária;

4. Ignorar: ideias com os piores cenários, geralmente aquelas que devem ser descartadas ou repensadas.

Para fechar este tópico, aprenda a dizer não: nem todas as ideias são viáveis ou adequadas para o seu negócio no momento. Aprenda a dizer não a ideias que não estão alinhadas com os seus objetivos ou que exigem recursos além de suas possibilidades atuais.

(3) PLANO DE AÇÃO PARA AS IDEIAS PRIORITÁRIAS

Para cada ideia selecionada, crie um plano de ação detalhado. Defina metas claras, estabeleça prazos realistas e identifique os passos necessários para transformar a sua ideia em realidade. Para isso, você deve:

1. Dividir a ideia em tarefas menores: grandes ideias podem parecer assustadoras quando vistas como um todo. Divida-as em tarefas menores e mais gerenciáveis. Isso tornará o processo mais alcançável e ajudará a evitar a sensação de sobrecarga.

2. Estabelecer prazos e responsabilidades: defina os prazos para cada tarefa e atribua responsabilidades. Isso ajudará você a manter o projeto em movimento e a responsabilizar-se pela execução dele.

3. Manter o foco: embora seja emocionante ter várias ideias ao mesmo tempo, é importante manter o foco em apenas uma de cada vez. Concentre os seus esforços na implementação de uma ideia antes de passar para a próxima, evitando dispersão e garantindo um progresso mais consistente.

Além disso, ao definir as atividades para tornar a ideia realidade, é importante que você tenha um processo para gerenciar o andamento de todos os passos e garantir que há uma documentação clara e acessível a todos.

Uma ferramenta popular e eficaz para organizar ideias e tarefas é o Kanban, originalmente desenvolvido pela Toyota, no Japão. É um sistema visual que permite acompanhar o fluxo de trabalho, desde o início até a conclusão. Ele é amplamente utilizado em diversos setores, incluindo desenvolvimento de produtos, gerenciamento de projetos e até mesmo organização pessoal.

O Kanban serve para você fasear as atividades que envolvem a realização de um projeto, normalmente dividindo-as em três etapas: *a fazer*, *em andamento* e *concluído*.

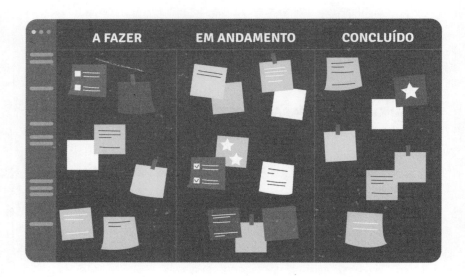

Existem vários aplicativos disponíveis que podem ajudar você a implementar e utilizar esse método. Aqui estão algumas opções populares:

Trello: o Trello é um dos aplicativos de Kanban mais conhecidos e utilizados. Ele oferece uma interface intuitiva e fácil de usar, onde você pode criar quadros, listas e cartões para representar as suas ideias ou tarefas. Você pode adicionar detalhes, prazos, anexos e colaboradores aos cartões, além de movê-los entre as listas à medida que progride no trabalho.

Asana: o Asana é uma plataforma de gerenciamento de projetos que também oferece recursos de Kanban. Ele permite criar quadros e colunas personalizadas para acompanhar o progresso das tarefas. Você pode adicionar descrições e datas de conclusão, atribuir tarefas a membros da equipe e visualizar o status geral do projeto

Monday.com: o Monday.com é uma ferramenta de colaboração e gerenciamento de projetos que oferece uma visão Kanban para organizar e acompanhar as tarefas. Ele possui recursos avançados de personalização, permitindo criar fluxos de trabalho adaptados às necessidades da sua equipe. Você pode adicionar detalhes, definir prazos, atribuir responsáveis e monitorar o progresso em tempo real.

Agora, quero mostrar como você deve utilizar o método Kanban para organizar suas ideias. Vamos lá!

1. Comece criando um quadro que represente o contexto geral das suas ideias. Isso pode ser um projeto específico, uma área de interesse ou qualquer outra categoria relevante;

2. Crie colunas para representar as diferentes etapas ou fases das suas ideias. Por exemplo, você pode ter colunas como "Ideação", "Planejamento", "Execução" e "Conclusão". Essas colunas representam o fluxo de trabalho e o progresso das suas ideias;

3. Dentro de cada coluna, crie cartões individuais para representar as suas ideias ou tarefas específicas. Dê um título claro para cada cartão e adicione detalhes relevantes, como descrição, prazo, prioridade ou qualquer outra informação importante;

4. À medida que avançar nas suas ideias, mova os cartões entre as colunas para refletir o progresso. Por exemplo, quando uma ideia estiver em execução, mova o cartão da coluna "Planejamento" para a coluna "Execução". Essa movimentação visual ajuda a acompanhar o fluxo e a prioridade das suas ideias;

5. Enquanto trabalha em cada ideia, atualize os cartões com informações relevantes, como anexos, comentários ou atualizações de status. Isso mantém todos os envolvidos informados sobre o andamento e evita duplicação de esforços;

6. Por fim, se estiver trabalhando em equipe, compartilhe o quadro Kanban com os membros relevantes. Isso permite uma colaboração eficaz, em que todos podem acompanhar o progresso, atribuir tarefas e colaborar em tempo real.

Essa metodologia é muito eficiente para organizar ideias, priorizar tarefas e acompanhar o progresso do trabalho. Deixa a gestão das atividades visual, dinâmica e acessível, garantindo que as suas ideias sejam implementadas de maneira organizada e eficiente. Você já conhecia?

Ao ter a persona construída e as ideias organizadas adequadamente, você poderá evitar a sensação de ansiedade e o medo de perder oportunidades. Esse processo permitirá que você avalie melhor as suas ideias, concentre-se nas mais promissoras e as leve adiante de modo estruturado.

Lembre-se: *a ação é a chave para transformar as suas ideias em resultados tangíveis.* Portanto, não se limite a apenas ter ideias, mas comprometa-se com a execução dela e acompanhe o progresso ao longo do tempo. Essa abordagem organizada e focada vai ajudar você a transformar a sua paixão pelo empreendedorismo em resultados reais e duradouros.

CAPÍTULO 5

COMO O SEU NEGÓCIO VAI FUNCIONAR?

Agora que já sabemos como definir o público-alvo e analisar as habilidades que podem mudar o jogo, chegou a hora de construir a sua visão para o negócio, transformando ideias em modelos de negócio sólidos e viáveis. Você está pronto?

MODELO DE NEGÓCIO

Quando temos um modelo de negócio estruturado, temos a espinha dorsal da empresa, ou seja, como ela vai operar e será sustentada. E para definir o seu modelo de negócio, temos um processo que engloba encontrar a maneira como uma empresa cria, entrega e captura valor.

No centro desse modelo está a proposta de valor, que descreve o que a empresa oferece de único e valioso para os seus clientes. Além disso, outros elementos essenciais incluem o segmento de clientes (o público-alvo para o qual a empresa está direcionada), os canais de distribuição (como a empresa alcança e se relaciona com os clientes), as fontes de receita (como a empresa gera lucro) e os recursos-chave (os ativos e as competências necessários para operar o modelo de negócio).

Mas, antes de mergulharmos nesses itens, quero fazer uma rápida análise com você dos modelos mais comuns como ponto de partida. São seis:

1. Venda direta: empresas que vendem diretamente para os clientes, sem intermediários. Por exemplo, uma loja de produtos de vestuário, em que o contato com o cliente é feito diretamente pela sua estrutura; ou uma empresa que venda de treinamentos on-line, em que você se responsabiliza pela atração do aluno e oferece todo o suporte durante a sua jornada de aprendizado. São negócios responsáveis por toda a experiência de compra e relacionamento com os clientes; se existir um produto físico, é a própria empresa que se responsabiliza pela gestão do estoque.

Vantagens:
- Controle total sobre a experiência do cliente, desde a primeira interação até a venda;
- Margens de lucro mais altas, pois não há intermediários;
- Flexibilidade para ajustar preços e estratégias de venda conforme necessário.

Desafios:
- Dependência do esforço de vendas individual, o que pode ser inconsistente;
- Necessidade de construir uma rede de distribuição forte para alcançar um grande público;
- Grande investimento em marketing e treinamento da equipe de vendas.

2. Assinatura: empresas que oferecem produtos ou serviços por meio de assinaturas periódicas, mensais, semestrais ou anuais, entre outras. A Netflix e as demais plataformas de streaming são exemplos de assinatura.

Vantagens:
- Fluxo de receita recorrente, o que traz previsibilidade financeira;
- Maior fidelidade dos clientes devido ao compromisso de longo prazo;
- Potencial para crescimento exponencial, à medida que mais clientes são adquiridos.

Desafios:
- Alta competição no mercado de assinaturas, exigindo diferenciação constante;

- Necessidade de oferecer um valor consistente ao longo do tempo para manter os clientes engajados;
- Gestão cuidadosa das taxas de cancelamento para manter o crescimento sustentável.

3. Freemium: especialmente empresas que trabalham com plataformas de tecnologia e optam por atuar como SaaS (*software as a service*, ou software como serviço). Nesses negócios, o modelo *freemium* é uma opção para quem quer oferecer parte de suas funcionalidades de maneira gratuita, e, para destravar recursos adicionais, o usuário precisa migrar para planos pagos. No caso da Trakto, por exemplo, o nosso produto para cliente final é estruturado em modelo *freemium*: o usuário pode usar todos os nossos recursos gratuitamente, no entanto as peças são criadas com o logo da Trakto em marca d'água. Ao assinar um dos nossos planos, o cliente consegue ter total autonomia na edição dos materiais que, a partir desse momento, já não terão mais a nossa marca inserida.

Vantagens:
- Baixa barreira de entrada para os clientes experimentarem o produto ou serviço;
- Potencial para adquirir uma grande base de usuários rapidamente;
- Oportunidade de converter usuários gratuitos em clientes pagantes ao demonstrar o valor do produto.

Desafios:
- Monetização possivelmente difícil, em especial se muitos usuários optarem por ficar na versão gratuita;
- Risco de depreciação do valor percebido do produto se a versão gratuita for muito robusta;
- Alto investimento em marketing e suporte ao cliente para manter os usuários engajados;
- Necessidade de uma base de clientes muito grande para que a conversão de usuários pagantes justifique todo o esforço da plataforma para a manutenção dos serviços gratuitos.

4. Marketplace: empresas que atuam como intermediárias, conectando compradores e vendedores. Os marketplaces são vitrines, como é o caso do Mercado Livre e da Amazon; ou então, é possível existirem outros negócios que oferecem a conexão entre clientes e prestadores de serviço, como Uber e Airbnb.

Vantagens:
- Grande potencial de escala, conectando compradores e vendedores em um único lugar;
- Baixo investimento em estoque e infraestrutura, já que os produtos e serviços são fornecidos pelos vendedores;
- Possibilidade de diversificar rapidamente o catálogo de produtos ou serviços.

Desafios:
- Gestão da qualidade e confiabilidade dos produtos ou serviços oferecidos por terceiros;
- Competição intensa em muitos mercados de marketplace consolidados;
- Necessidade de criar e manter uma plataforma tecnológica robusta e segura.

5. Franquia: neste caso, empresas que provaram a eficiência da sua proposta de valor e construíram uma marca já bastante reconhecida em determinada região. Para expandir a sua atuação, essas empresas concedem a terceiros o direito de usar a sua marca e o modelo de negócio em troca de taxas e royalties.

Vantagens:
- Modelo comprovado com processos estabelecidos e marca reconhecida;
- Menor risco para o franqueado em comparação com iniciar um negócio do zero;
- Acesso a treinamento, suporte e recursos fornecidos pela franqueadora.

Desafios:
- Altos custos iniciais de entrada, incluindo taxas de franquia e investimento em infraestrutura;
- Dependência da reputação da marca e do suporte contínuo da franqueadora;
- Menos liberdade criativa e operacional em comparação com um negócio independente.

6. Modelos híbridos: empresas que, conforme ganham maturidade, combinam mais de um modelo de negócio. Exemplo disso são plataformas como iFood e Rappi, que oferecem a opção de os clientes usarem o serviço apenas sob demanda, mas também oferecem vantagens adicionais para aqueles que seguem com a assinatura, como descontos, preços especiais, além de acesso a parcerias com outros negócios.

Vantagens:
- Interessante para empresas que já consolidaram o negócio principal e estão em estágio de expansão do portfólio;
- Capacidade de melhorar a fidelização dos clientes, oferecendo melhores soluções conforme evoluem no relacionamento com o seu negócio;
- Possibilidade de diversificação da receita.

Desafios:
- Necessário, por parte da empresa, um alto nível de maturidade em termos de infraestrutura e processos para atender aos clientes;
- Modelos híbridos aumentam a complexidade da gestão do negócio;
- Durante a construção, maiores investimentos tanto em recursos financeiros como no crescimento da equipe.

Bora fazer dar certo

Qual é o modelo de negócio ideal para você?

Nesta etapa, estamos ainda no processo de colocar as suas ideias no papel de maneira bem-estruturada. E existem algumas perguntas essenciais para que você se faça antes de efetivamente desenhar a visão completa do funcionamento do seu negócio. Reflita:

- Qual é o modelo de receita ideal para o projeto que você quer transformar em realidade?
- Quais são os canais de atração e retenção de potenciais clientes que você já consegue usar no seu negócio?
- Qual é o potencial de escala do seu projeto?
- Quais são os riscos associados ao projeto que você tem em mente?
- Quais são os seus principais concorrentes? Qual é o modelo de receita deles?
- Quais são as parcerias estratégicas que você precisa construir para viabilizar a sua ideia de negócio?
- Quanto de investimento inicial você imagina ser necessário para viabilizar a sua ideia?

A partir dessas reflexões, você poderá analisar as necessidades para que a sua proposta de valor seja atrativa para a persona que identificou no capítulo anterior e, então, colocar no papel todo o modelo operacional da sua empresa.

AS FASES DO NOSSO MODELO DE NEGÓCIO

Ao longo da primeira década da Trakto, o nosso modelo de negócio foi evoluindo para acompanhar as necessidades da nossa persona e as oportunidades que encontramos ao decidirmos nos tornar referência em design com escala.

Como comentei, em 2013 começamos a Trakto com uma calculadora para ajudar os profissionais a orçarem os seus serviços. Depois, em 2015, pivotamos e nos tornamos um editor on-line para a criação de materiais de marketing. Entre 2015 e 2019, trabalhamos com foco em incrementar a experiência do nosso cliente, deixando a plataforma mais robusta e completa e preparando a tecnologia para o uso de inteligência artificial, que lançamos em 2020. A partir de 2021, com o atendimento ao público final mais consolidado, entendemos que estávamos prontos para ampliar o portfólio e começamos a operar com outros agentes do ecossistema, ou seja, no mercado corporativo e educacional.

Nesse percurso, algumas decisões foram muito importantes:

- Iniciamos com o modelo *freemium* para evoluir a proposta de valor e aprender como poderíamos torná-la o mais escalável e eficiente possível;
- Entendemos que o volume de assinatura daqueles que migravam do *freemium* era uma questão desafiadora para mantermos a Trakto como um negócio sustentável. Então, para abrir novas linhas de receita sem perder o nosso DNA de ajudar os pequenos negócios, mudamos para um modelo híbrido que nos permitia fazer contratos customizados com grandes empresas;
- A evolução do nosso modelo de negócios aconteceu sem nunca perdermos de vista o resultado que desejávamos entregar para o mercado. Os fundamentos do funcionamento da empresa não mudaram, mas evoluíram para se tornar mais eficientes.

Assim como a Trakto construiu a sua jornada dentro das possibilidades de modelo de negócio, você também terá o seu próprio caminho. Mas lembre-se de que, na maior parte das vezes, é necessário dar passos pequenos até se ter boa estrutura e gestão para escalar quando for possível.

CAIXA DE FERRAMENTAS

Existem algumas metodologias muito interessantes para você construir a visão de como o seu negócio poderá ser viabilizado. Selecionei três métodos já bem consolidados para compartilhar com você. Depois, terminarei este bloco com uma quarta sugestão que é justamente a maneira como eu conduzo o processo para validar hipóteses.

1. Design thinking: é uma abordagem que coloca o ser humano no centro da análise para a resolução de qualquer problema e/ou construção de projetos de inovação. Essa abordagem propõe cinco etapas:

- Empatia: é quando você reflete sobre *quem* será impactado por aquela solução e analisa cuidadosamente as necessidades desse público (tal como você mapeou quando definiu público-alvo e persona);
- Definição: trata-se de qual será o grande foco da solução, o verdadeiro problema que o seu produto ou serviço deverá solucionar;
- Ideação: como o nome já diz, aqui estamos falando sobre quais são as soluções potenciais que você pode entregar para o problema. Neste momento e no próximo estágio, o objetivo é estabelecer *como* você pretende implementar a sua proposta de valor;
- Prototipagem: é o momento de construção. Qual é o caminho mais rápido e viável para apresentar de maneira prática a solução que escolheu e entregar isso para o cliente ideal? Para esta etapa, você pode trabalhar com o conceito de MVP (*minimum viable product*, produto mínimo viável);
- Teste: consiste na entrega da solução para o cliente para que você possa validar se o que era esperado de fato aconteceu e quais são os feedbacks e oportunidades de melhoria.

Apenas depois de passar por essas cinco etapas é que se recomenda o aumento dos investimentos no negócio. Falaremos mais sobre isso no próximo capítulo.

2. Business Model Canvas: é uma ferramenta amplamente utiliza-da. Este modelo permite que você visualize todos os componentes do negócio numa única página. São nove blocos que representam os principais elementos de um modelo de negócio, dispostos como mostra a figura a seguir:

A tela de modelo de negócios

Parcerias chave

Quem são os nossos parceiros chave?
Quem são os nossos provedores chave?
Quais recursos chave adquirimos de nossos parceiros?
Quais atividades chave realizam os nossos parceiros?

Motivações para a parceria
Otimização e economia
Resolução de risco e incerteza
Aquisição de recursos e atividades

Atividades chave

Quais atividades requerem a nossa proposta de valor?
Nossos canais de distribuição?
Relações com os clientes?
Fontes de renda?
Categorias
Produção
Solução de problemas
Plataformas/Network

Recursos chave

Quais recursos chave requerem a nossa proposta de valor?
Nossos canais de distribuição?
Relações com clientes?
Fontes de renda?

Proposta de valor

Qual valor proporcionamos aos nossos clientes?
Qual problema de nossos clientes ajudamos a resolver?
Quais pacotes de produtos ou serviços oferecemos a cada segmento do mercado?
Quais necessidades dos clientes satisfazemos?

Relações com clientes

Quais tipos de relação esperam os diferentes segmentos do mercado?
Quais tipos de relação temos estabelecido?
Qual é o custo dessas relações?
Como estão integradas em nosso modelo de negócio?

Canais

Quais canais preferem os nossos segmentos do mercado?
Como estabelecemos atualmente o contato com os clientes?
Como se conjugam os nossos canais?
Quais têm melhores resultados?
Quais são mais rentáveis?
Como se integram nas atividades diárias dos clientes?

Segmentos de mercado

Para quem criamos valor?
Quais são os nossos clientes mais importantes?

Estruturas de custos

Quais são os custos mais importantes inerentes ao nosso modelo de negócio?
Quais são os recursos chave mais caros?
Quais são as atividades chave mais caras?

Fontes de renda

Por qual valor os nossos clientes estão dispostos a pagar?
Por que pagam atualmente?
Como pagam atualmente?
Como eles gostariam de pagar?
Quanto geram as diferentes fontes de renda ao total da renda?
Tipos
Preços fixos
Preços dinâmicos

3. Lean Canvas: é uma versão simplificada do Business Model Canvas e foi desenvolvida por Ash Maurya com foco especialmente em startups e empreendedores.[30] Também possui nove blocos, mas com algumas diferenças na maneira como estão organizados e a indicação da sequência em que devem ser preenchidos, como você vê na imagem abaixo.

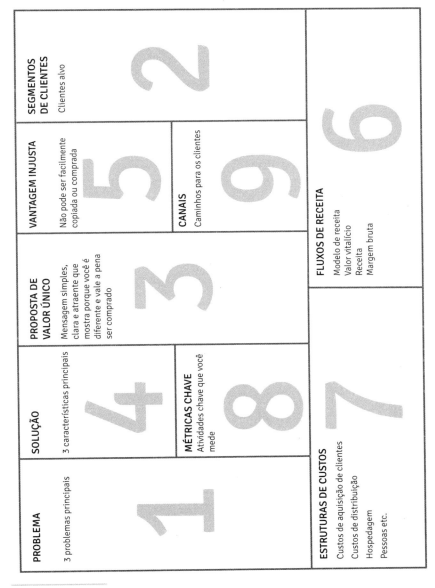

---

[30] **Lean Canvas - 1-page business model.** c2024. Disponível em: https://www.leanfoundry.com/tools/lean-canvas. Acesso em: 23 maio 2024.

4. Método E Se? Será que...: existe o jeito certo, o jeito errado... E existe o meu jeito de estruturar o processo. Quem já trabalhou comigo, escutou muito essa frase. Mas qual é a minha metodologia, afinal? Chamado E Se?, o meu método tem como base essa perguntinha simples, mas eficaz para validar modelos de negócio. Com ele, para cada hipótese você consegue criar passos seguintes com objetivos determinados e indicadores claros de sucesso.

Durante a construção do modelo de negócio da Trakto, comecei usando o Business Model Canvas, mas ele não foi suficiente para os nossos desafios. Atualizá-lo se transformou em uma tarefa demorada e, em muitos casos, frustrante porque, à medida que a Trakto evoluía, novos insights surgiam, e era necessário ajustar o nosso modelo de negócio de acordo com o que percebíamos.

Um dos principais problemas foi a formulação de hipóteses erradas. Embora tenha feito uma análise cuidadosa e tentado prever os principais elementos do nosso modelo de negócio, muitas das hipóteses iniciais não se mostraram corretas ao longo do tempo. Isso resultou em um retrabalho considerável, uma vez que tive que revisar constantemente o Business Model Canvas para refletir sobre as mudanças necessárias. Sobretudo no início da Trakto, testar uma hipótese rapidamente era o diferencial que tínhamos perante os concorrentes.

E o que é uma hipótese? Ela funciona com uma pergunta. Por exemplo: *"E se a Trakto, em vez de ser uma calculadora, fosse apenas um gerador de propostas comerciais?"*. Essa era uma de nossas hipóteses. Além de começar com uma pergunta na qual você precisa deixar claro o problema que vai resolver e o resultado esperado, é possível completar essa pergunta. Por exemplo: *"E se a Trakto, em vez de ser uma calculadora, fosse apenas um gerador de propostas comerciais? Será que conseguiríamos vender dez assinaturas em um mês?"*. Além de ter a pergunta inicial, completamos com um adicional que poderia nos gerar novos negócios.

Como vocês pode perceber, a ideia é começar com o "E se...". Depois, a hipótese só é completa quando você diz o resultado esperado a partir do "Será que...". Assim, você tem um experimento e um Key Performance Indicator (KPI, ou indicador de resultado) de sucesso.

Por fim, com a hipótese completa você pode transformá-la em um experimento.

Para nós, foi uma experiência que serviu como um valioso aprendizado, destacando a importância de não se prender a uma única ferramenta ou metodologia, mas sim adaptar e combinar diferentes abordagens de acordo com as necessidades e os desafios específicos do seu negócio.

Qual modelo você testará para o seu negócio?

FAÇA AS PESSOAS DESEJAREM A SUA SOLUÇÃO

Depois de conhecer muito bem o seu cliente, o grande ponto na estruturação da sua ideia de negócio é ter uma *proposta de valor única*. Ela é o que diferencia o seu negócio dos concorrentes e deve descrever claramente o benefício que a sua empresa oferece aos clientes e como isso resolve os seus problemas ou atende as suas necessidades. É a partir da proposta de valor que você atrai a atenção das pessoas e desperta o interesse delas pela sua solução.

Uma das melhores maneiras de treinar o modo como você comunica a sua proposta de valor é por meio do *elevator pitch* (ou pitch de elevador). É uma ferramenta poderosa para empreendedores comunicarem as suas ideias de negócio de forma clara, concisa e impactante, em um curto período de tempo, como se estivessem compartilhando a sua proposta durante uma viagem de subida ou descida no elevador ao lado de alguém.

Para entender o conceito, imagine que você entrará no elevador, no térreo, e precisará subir para o décimo primeiro andar. Quando entra, percebe que existe ali dentro alguém muito importante, e você precisa vender o valor único do seu negócio para essa pessoa porque é uma oportunidade imperdível, porém isso precisará acontecer em questão de segundos ou minutos, no máximo, até que o elevador chegue ao andar de destino. Como você venderia a sua proposta de valor única? Este é o *elevator pitch*. Em um período de tempo que pode variar entre trinta segundos ou dois minutos, você precisa apresentar o que há de melhor no seu negócio.

O objetivo é despertar o interesse do interlocutor e transmitir o valor único da sua ideia de negócio de maneira memorável. Nesse pequeno intervalo, você deve apresentar o foco central da sua ideia e qual é o problema que está resolvendo. Com uma linguagem simples e acessível para que qualquer pessoa possa entender, é importante ressaltar os benefícios do seu produto ou serviço e como a sua proposta pode melhorar a vida das pessoas. O grande objetivo aqui é motivar a pessoa que está ouvindo o seu *pitch* a querer saber mais sobre a sua ideia.

Para você ter uma amostra de como é um *elevator pitch* na prática, quero mostrar para você dois exemplos que construímos aqui para a Trakto:

Exemplo 1

> *Imagine um aplicativo que transforma as suas fotos e textos em anúncios incríveis em questão de segundos. Com a Trakto, você pode criar 4 mil anúncios personalizados em apenas cinco segundos. Simplificamos o processo de criação e edição, permitindo que você se destaque no mundo do marketing digital de maneira rápida e eficiente.*

Exemplo 2

> *A Trakto é uma ferramenta revolucionária de design e marketing digital. Nós oferecemos uma plataforma completa para a criação de materiais de marketing personalizados de maneira rápida e fácil. Com a Trakto, você pode criar flyers, posts para redes sociais, apresentações e muito mais, mesmo sem habilidades de design. Simplificamos o processo, economizando tempo e recursos para que você possa se concentrar no crescimento do seu negócio.*

Esses exemplos ilustram como um *elevator pitch* pode ser usado para resumir a essência de um negócio, destacar o seu valor único e despertar o interesse do outro em apenas alguns segundos.

Além do discurso claro sobre as soluções que a sua empresa proporciona, você também vai precisar explicar de modo eficiente como o negócio está estruturado para ser viável comercial e economicamente — e neste ponto entra o seu desenho de modelo de negócio.

Enquanto a definição do modelo de negócio traz clareza sobre como ele poderá ser sustentável, lucrativo e capaz de criar valor significativo para os clientes, para a empresa e para todas as partes interessadas envolvidas, o *elevator pitch* ajuda você a comunicar esse grande potencial de maneira apaixonada e confiante. Afinal, você precisa que as pessoas se interessem pela sua solução para ser capaz de validar as suas hipóteses e, então, avançar para as etapas de tração e resultado.

A proposta de valor da sua ideia sempre está associada ao resultado positivo que você vai gerar na vida e/ou nos negócios da sua persona. Nos exemplos de *elevator pitch* que mostrei antes, isso está bastante claro. Veja a última frase em cada exemplo:

Exemplo 1
> *Simplificamos o processo de criação e edição, permitindo que você se destaque no mundo do marketing digital de maneira rápida e eficiente.*

Exemplo 2
> *Simplificamos o processo, economizando tempo e recursos para que você possa se concentrar no crescimento do seu negócio.*

Percebe como não estamos falando de funcionalidades, mas de resultado? É exatamente isso o que você precisa encontrar e comunicar com clareza depois de pensar sobre sua persona, o mercado e seu modelo de negócio.

Assim, a importância da definição do modelo de negócio alinha-se com a proposta de valor único, uma vez que você define o caminho que tomará e qual é o valor que gera para o mercado em que está atuando. Essa construção leva tempo e, como comentei, as definições podem mudar ao longo da jornada para que você se adeque à melhor solução ou ao crescimento do negócio. Mas são passos indispensáveis para garantir que você está seguindo o caminho da tração e dos resultados.

CAPÍTULO 6

FAÇA A PRIMEIRA VENDA

Com um plano de negócio e uma proposta de valor, a pergunta que fica é: será que a sua persona realmente vai se interessar pelo que foi construído? O melhor jeito para descobrirmos isso é fazendo a primeira venda, ou seja, lançando o seu MVP.

Para empreendedores que não estão familiarizados com o universo digital, o conceito de MVP, ou produto mínimo viável, pode parecer um pouco abstrato. No entanto, a ideia por trás do MVP é bastante relevante e aplicável a diversos tipos de negócio.

De um jeito bem simples, o MVP é uma versão enxuta de um produto ou serviço que atende às necessidades básicas do cliente. É uma maneira de testar sua ideia de negócio no mercado com um investimento mínimo, antes de fazer grandes investimentos de tempo, dinheiro e recursos.

Para entender melhor, imagine que você está abrindo uma nova padaria no bairro. Em vez de investir uma grande quantia de dinheiro em equipamentos sofisticados, decoração extravagante e um cardápio completo, você pode começar com um MVP. Nesse caso, o seu MVP pode ser uma seleção limitada de produtos, um espaço de venda mais simples e uma abordagem mais direta para atrair os primeiros clientes.

A ideia é validar a demanda do mercado e obter feedback real dos clientes antes de fazer investimentos significativos. Com base nas reações e no feedback dos clientes, você pode ajustar e aprimorar o seu produto ou serviço aos poucos. Por exemplo, você desenvolve três receitas de pães artesanais e começa a divulgar por meio de uma lista de WhatsApp ou apenas para os moradores do seu condomínio. A partir das respostas (quantas pessoas se interessaram, o que acharam do preço, como foram os pedidos etc.), você entende:

- O que você e o time previram realmente aconteceu?
- O valor cobrado foi suficiente para suprir todos os custos?
- As pessoas que compraram na primeira vez voltaram a pedir?

O MVP permite que você teste as suas hipóteses de negócio, aprenda com os clientes e faça iterações com base nesse aprendizado. É uma abordagem mais ágil, econômica e orientada por dados, que ajuda a minimizar riscos e a otimizar o uso de recursos.

Existe também uma nova expressão que é a evolução do conceito de MVP, o MLP, ou *minimum lovable product*, produto mínimo amável. Essa nova lente nos diz o seguinte: não queremos só testar a funcionalidade de um produto, queremos criar algo que os clientes amem. Portanto, precisa ser bom. Não precisa ser perfeito, mas precisa ser valioso e resolver um problema de um jeito melhor do que ele resolve hoje sem a solução que você entrega.

Quando pensamos que o nosso MVP precisa ser *amável*, ou *desejável*, isso quer dizer que vamos nos preocupar em fazer essa primeira venda de maneira a também envolver aspectos emocionais e com o objetivo de criar conexão com o nosso cliente.

Nesse momento, seu principal objetivo é validar a proposta de valor do negócio. Então, aqui o grande desafio é se concentrar no que seria essencial para o seu cliente. Eu sei que sua persona tem muitos desejos, mas aqui na validação você deve focar um único problema, resolver uma única dor entre todas as possíveis, para que o seu negócio ganhe maturidade.

Justamente por ainda não ser o seu modelo de atendimento final, pense nessa validação de maneira que seja fácil de usar e ofereça uma boa experiência para os seus clientes. E o mais importante: determine uma hipótese-chave que você deseja validar, com um objetivo de resultado bastante claro. Quanto mais específico for o resultado que você deseja mensurar, melhor.

Por exemplo, no nosso caso, quando lançamos a primeira versão da plataforma Trakto, queríamos nos certificar de que o usuário construísse uma proposta comercial e a enviasse para o seu cliente.

Uma das coisas que eu defendo é que os empreendedores devem ter essa mentalidade de prototipar em modelo MVP sempre que uma nova ideia surge. Mesmo que o seu negócio já tenha um tempo relevante de mercado e você esteja pensando em abrir uma nova esteira de produtos, começar pequeno é uma ótima maneira de otimizar seus recursos. Começar assim permite que você ganhe velocidade no processo de ajustes até que esteja pronto para escalar o negócio.

E eu tenho uma opinião muito forte mesmo em fase de MVP: *você precisa pensar no MVP em termos de como a venda vai acontecer.* Precisa saber como vai operacionalizar a entrada de receitas e fazer essa validação analisando quantas pessoas viram essa solução e perceberam nela algo relevante a ponto de desembolsar ali o valor pelo qual você a precificou.

E SE NÃO DER CERTO? COMO ABANDONAMOS A PRIMEIRA VERSÃO DA TRAKTO

Como contei anteriormente, antes de a Trakto ser a plataforma que é hoje, minha ideia inicial era criar um sistema que permitisse que profissionais criativos fizessem propostas de trabalho de maneira mais rápida e profissional. Era uma calculadora digital, chamada de Calculadora Diária.

Basicamente, funcionava como um sistema preparado para que o profissional construísse as suas propostas comerciais assegurando a rentabilidade do negócio. E era uma proposta que até hoje eu considero extremamente útil e que atende um desafio importante na jornada dos empreendedores, principalmente no início da empresa ou quando o produto que está oferecendo ao mercado ainda está em fase de validação.

Para que você possa ter ideia dessa experiência, trouxe algumas imagens.

Funcionamento da Tríade da Precificação

São 3 perguntas que determinam o perfil do profissional ou empresa e consegue-se um valor único para cada

Quais são os meus custos?

Definindo a sua necessidade mensal, é possível atribuir um custo operacional personalizado para você ou sua empresa

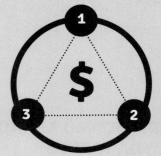

Quanto você deseja ganhar?

Você estabelece a margem de lucro ao mesmo tempo em que reflete a realidade do seu mercado e dos seus concorrentes.

Quanto eu investi?

Investimento em equipamentos e máquinas geralmente são esquecidos por profissionais e empresas que acabam tendo que recorrer a empréstimos para se manterem atualizados no mercado. A Trakto leva isso em consideração devido à frequência com que a tecnologia se renova.

Com uma interface intuitiva, o usuário tem a possibilidade de refletir sobre a sua carreira ou a sua empresa e tomar as melhores decisões em um ambiente gráfico único.

Diferenciais

Mesa de negociação com valor mínimo a ser cobrado

Fácil de configurar para diferentes realidades, levando em consideração custos que muitas vezes passam despercebidos

Um gráfico de composição de orçamento permite ter uma visão do orçamento antes limitada a planilhas eletrônicas

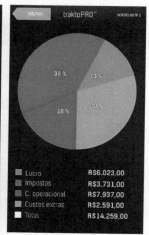

TRAÇÃO E RESULTADO

E aí, talvez você esteja se perguntando: *Poxa, Paulo, que projeto bacana. Por que não virou?*. Como falei para você, na minha primeira pivotada com a Trakto percebemos um simples e fatídico motivo: o negócio não era rentável. Fiz uma conta de padeiro e me permita repetir aqui só para não perdermos o raciocínio: considerei que o aplicativo iria custar 10 reais nas lojas digitais, o que já era uma fortuna na época. As plataformas ficam com cerca 30% e eu gastaria 2 reais para adquirir cada cliente. Logo, sobrariam apenas 5 reais no final para mim. Imagino que a maior parte das empresas precisa de pelo menos 50 mil reais por mês para se sustentar. Então eu precisava fazer 10 mil vendas do aplicativo por mês. Não ia dar certo, era muita coisa!

Apesar de ainda querer ajudar as pessoas a se venderem melhor, fazer a melhor calculadora do mundo não era a solução com a melhor proposta de valor para investirmos todos os nossos esforços. Por isso, não existia mais nada a fazer. Contra dados não existem argumentos. E você precisa deixar o ego de lado e refletir: *Beleza, qual é a verdadeira solução que vai encantar o meu cliente? Ela é viável financeiramente?*

Além de a conta não fechar com a proposta da Calculadora Diária, também percebi que as pessoas que viam o projeto sempre apresentavam os mesmos comentários: "Paulo, preciso colocar mais informações na proposta", "Preciso de uma maneira diferente de apresentar a tabela de preços", "Preciso conectar a tabela ao meu inventário". Esses eram apenas alguns dos exemplos! Mas foi ali que eu percebi que sem um editor estilo PowerPoint não teríamos como atender às diferentes demandas. O caminho era termos uma página em branco com um modelo em que o cliente pudesse editar tudo o que desejasse.

Esses feedbacks negativos foram muito bons para recalcularmos a rota. E digo isso porque cada "não" é uma oportunidade de aprendizado. Quando a tese não funciona ou você recebe muitos feedbacks negativos, não significa necessariamente que precisa mudar completamente a sua ideia ou abandonar o seu plano de negócios, mas sim que precisa voltar a analisar a sua proposta de valor para entender como pode deixá-la mais evidente e tangível para os outros.

Nesse sentido, existem três pontos que sempre gosto de apresentar quando estamos falando em validação de hipótese. São eles:

1. Considere a fonte do feedback: avalie quem está fornecendo o feedback negativo. Nem todas as opiniões são igualmente válidas. Analise se a pessoa tem conhecimento e experiência relevantes no seu setor ou se são apenas opiniões pessoais. Valorize especialmente o feedback do cliente, ou seja, quem contratou você.

2. Busque padrões: procure por padrões nos feedbacks que recebe. Se várias pessoas estão apontando para as mesmas preocupações ou áreas de melhoria, pode valer a pena investigar e considerar ajustes.

3. Avalie a relevância: nem todos os feedbacks negativos são igualmente relevantes para o sucesso do seu negócio. Foque as opiniões que têm impacto direto no valor que você está oferecendo aos seus clientes e no nicho de mercado em que atua. Em todos os feedbacks que receber, priorize os insights valiosos.

MAS COMO VALIDAMOS A HIPÓTESE DE MERCADO?

Existe um conceito que elucida muito bem essa questão: o *Job to be Done*. Por que as pessoas compram? Já parou para se perguntar se as pessoas realmente compram um produto ou se elas contratam um produto para resolver um problema?

A teoria do Job to be Done (JTBD) trata disso. Significa trabalho a ser feito, ou melhor, problema a ser resolvido. Eu me deparei com essa visão em vários momentos da jornada empreendendo. Essa teoria foi popularizada pelo professor e autor Clayton Christensen, autor dos livros *Muito além da sorte*[31] (que, inclusive, eu adoro) e *O dilema da inovação.*[32]

O que a teoria do JTBD nos diz é o seguinte: existe um trabalho a ser feito. Esse trabalho é baseado na compreensão das

---

[31] CHRISTENSEN, C. *et al.* **Muito além da sorte**: processos inovadores para entender o que os clientes querem. Porto Alegre: Bookman, 2017.

[32] CHRISTENSEN, C. **O dilema da inovação**: quando as novas tecnologias levam empresas ao fracasso. São Paulo: M.Books, 2011.

SEMPRE QUE ALGUÉM TEM UMA IDEIA QUE SE DESTACA, NO FUNDO ESSE EMPREENDEDOR OU EMPREENDEDORA ESTÁ RESOLVENDO UM PROBLEMA QUE AFETA MUITOS INDIVÍDUOS.

TRAÇÃO E RESULTADO
@PAULOTRAKTO

necessidades dos clientes. Assim, a premissa central do JTBD é que os consumidores "contratam" produtos ou serviços para realizar um trabalho específico em suas vidas. Esses "trabalhos" podem ser tarefas práticas, desejos emocionais ou objetivos a serem alcançados. Ao entender o trabalho que os clientes estão tentando realizar, podemos criar soluções que sejam verdadeiramente relevantes e úteis.

Um exemplo clássico é pensarmos sobre o McDonald's. Em um primeiro momento, poderíamos imaginar que os clientes contratam a rede para obter uma refeição rápida e conveniente. No entanto, ao aplicar a teoria do Job to be Done, descobrimos que o trabalho real que os clientes estavam tentando realizar era o de "obter uma refeição completa e satisfatória para a família a um preço acessível". Essa nova perspectiva ajudou a orientar a estratégia de marketing e inovação do McDonald's, resultando em campanhas e produtos que atendiam melhor às necessidades dos clientes.

Outro exemplo interessante é o da Dove, uma das maiores marcas de cosméticos do mercado. Tradicionalmente, o setor de cosméticos se concentra na venda de produtos que promovem a aparência física e a beleza. No entanto, ao aplicar o conceito do Job to be Done, a equipe da Dove percebeu que muitas mulheres estavam buscando maior autoestima e confiança em si mesmas. Com base nessa compreensão, a Dove desenvolveu campanhas que promovem a aceitação da beleza natural e a valorização da diversidade, criando uma conexão emocional com suas clientes.

Você percebe como essa teoria nos ajuda a entender melhor o que está por trás da decisão dos nossos clientes? Essa análise também ajuda a validar melhor a proposta de valor que você desenhou para o seu negócio no capítulo anterior.

Bora fazer dar certo

O que a sua persona realmente quer do seu negócio?

Aqui é o momento de levantar hipóteses, justamente para que você determine o que será validado no seu MVP. Para encontrar as respostas, reflita sobre os itens a seguir.

1. Identifique o trabalho a ser feito: comece entendendo o trabalho que os seus clientes estão tentando realizar ao usar o seu produto ou serviço. Faça pesquisas e entrevistas ou observe o comportamento dos clientes para descobrir os principais trabalhos que eles desejam realizar.

2. Defina o contexto: compreenda o contexto em que o trabalho está sendo realizado. Considere fatores como situações específicas, restrições ou desafios enfrentados pelos clientes ao tentarem concluir o trabalho.

3. Explore motivações e objetivos: aprofunde-se nas motivações e objetivos por trás do trabalho a ser feito. Descubra quais são as recompensas emocionais, funcionais ou sociais que os clientes buscam ao realizar o trabalho.

4. Analise as suas soluções a partir do trabalho que precisa ser feito: utilize os insights obtidos para desenvolver produtos ou serviços que sejam centrados no trabalho a ser feito pelos clientes. Certifique-se de que as suas soluções atendam de maneira efetiva às necessidades e aos desejos dos clientes.

Inicialmente, achávamos que a nossa plataforma seria escolhida pelos nossos clientes porque eles queriam uma calculadora, mas, depois de alguns meses, entendemos que o que estávamos oferecendo para os empreendedores era uma *maneira mais fácil, rápida e profissional de eles criarem e gerirem seu conteúdo visual.*

QUEM VENDE DEZ, VENDE CEM. QUEM VENDE CEM, VENDE MIL. QUEM VENDE MIL, VENDE 5 MIL!

Quando entendemos o JTBD da Trakto, com um MVP validado, aí sim estávamos prontos para passar de fase. Porque se você consegue vender um, consegue vender dez; e se vende dez, pode entrar em uma espiral de crescimento exponencial nas vendas. Só que, claro, para isso você vai precisar de estratégia!

Sempre tive uma meta de faturar o primeiro milhão em um ano com assinaturas. E cobrando 37 reais por mês, precisaria ter 2.300 assinantes. Essa preocupação que existe entre o valor e uma meta é fundamental, e vejo que esse é um erro muito comum entre fundadores. Eles deixam a venda para a segunda fase do produto, mas deveriam colocar esse objetivo aqui, no início.

Tive que pivotar de novo depois da concepção da Calculadora Diária exatamente porque aquele era um projeto que não geraria um fluxo de receita saudável para o negócio. Se não tivesse me preocupado com a geração de receita, poderíamos ter demorado muito mais para tomar essa decisão, ter investido muito mais antes de perceber que estávamos resolvendo um problema importante, mas não o problema *essencial* que faria os nossos clientes construírem um relacionamento de longo prazo com a Trakto. E pior: não teríamos nem sequer fôlego para operar por muito tempo, porque o único investimento disponível era a minha reserva pessoal.

Por isso, o objetivo na elaboração do seu protótipo de negócio é priorizar a validação atrelando uma meta de venda a outros indicadores que você quer mensurar. Construa essa combinação e você terá mais ferramentas para validar e testar as suas hipóteses, além de saber o que dá certo ou não. Essa é a essência do que vimos aqui!

CAPÍTULO 7

FAÇA AS CONTAS

Apesar de termos falado rapidamente sobre a definição do fluxo de receita, acredito que é importante termos mais conteúdo e destaque específico sobre esse tema. Receita e fluxo de caixa são dores latentes para os empreendedores. Inclusive, essas definições foram dores muito grandes no começo da Trakto. Como iniciamos a empresa no modelo *freemium*, foi realmente bem desafiador chegar ao modelo sustentável do negócio.

Nesse sentido, podemos começar com algo que sempre digo: *precificação é técnica*. O segredo é você ter um bom processo que considere todos os aspectos críticos do negócio – e quer um conselho de quem errou muito na jornada? Se pudesse voltar no tempo, teria focado vendas desde o dia zero da Trakto. Você precisa ter o mundo físico preparado para receber as suas vendas, assim como cadastro, seleção de método de pagamento, processo para emissão de nota fiscal etc. Mas, principalmente, precisa ter uma estrutura para definir quanto o seu produto precisa custar e quantas pessoas precisam adquiri-lo para que você possa ter fôlego nessa empreitada. Lembra-se daquela conta que exemplifiquei no capítulo anterior ao falar do valor da calculadora? A lógica aqui é a mesma.

Você precisa ter ao seu lado as informações de mercado em relação ao modo como os seus concorrentes estão gerindo as vendas das soluções que competirão de maneira mais direta com você. Para definir isso, você precisa responder a algumas perguntas.

- Qual é o preço médio no mercado para a solução semelhante à que você está construindo?
- Como os seus concorrentes construíram a jornada de compra para os clientes?

Ao entender esses pontos, você terá insights para que, ao fazer a análise dos seus custos, perceba quão próximo ou fora dos valores de mercado a sua solução é capaz de chegar.

SÓ VENDA O SEU PRODUTO OU SERVIÇO DEPOIS DE SABER QUANTO, DE FATO, ELE CUSTA!

Você precisa saber qual é o valor/hora da sua empresa – mesmo que ainda esteja fazendo estimativas. E temos alguns grupos de valores que precisam entrar na conta: custos diretos, custos indiretos, demanda de esforço, remuneração e margem de lucro desejadas. Vou abordar cada um desses pontos para que você entenda os conceitos e possa aplicá-los.

Custos diretos

Aqui entram todos os custos diretos relacionados à prestação do serviço ou produção do produto. Isso inclui despesas como matéria-prima, insumos, mão de obra direta e quaisquer outros custos específicos do projeto ou do produto.

Custos indiretos

Este conceito está relacionado a despesas como aluguel, custos com serviços essenciais, despesas administrativas, impostos, marketing e outros custos gerais necessários para manter o funcionamento da empresa. São valores que devem ser distribuídos de maneira proporcional entre os projetos ou produtos.

Dentro de custos indiretos, os valores que costumam ter maior variação são aqueles realizados com foco na sua estratégia de atração e retenção de clientes. Então, aqui, você precisa conhecer algumas métricas tradicionais:

- ***Churn* (taxa de cancelamento):** A taxa de churn mede a porcentagem de clientes que cancelaram ou deixaram de usar um produto ou serviço durante um determinado período. Para fazer o cálculo, é preciso dividir o número de clientes que cancelaram durante o período pelo número total de clientes no início do período. Por exemplo, se você tinha cem clientes no início do mês e dez deles cancelaram durante o mês, a taxa de *churn* seria de 10% (10/100 = 0,1 ou 10%).

- **CAC (custo de aquisição de cliente):** representa o custo médio para adquirir um novo cliente e é calculado dividindo-se os custos de marketing e vendas pelo número de novos clientes adquiridos durante um período específico. Para isso, some todos os custos de marketing e vendas (por exemplo, salários de equipes de vendas, custos de publicidade) e divida pelo número de novos clientes adquiridos durante o mesmo período. Por exemplo, se você gastou R$ 10 mil em marketing e vendas em um mês e adquiriu 100 novos clientes, seu CAC seria R$ 100 (R$ 10 mil / 100).

- **CPA (custo por aquisição):** é semelhante ao CAC, mas calcula o custo médio para adquirir um novo cliente ou usuário específico, geralmente em campanhas de marketing digital. Para calcular o CPA, divida o custo total da campanha pelo número de clientes ou usuários adquiridos por meio dessa campanha. Por exemplo, se você gastou R$ 500 em uma campanha de marketing digital que atraiu 50 novos clientes, seu CPA seria R$ 10 (R$ 500 / 50).

Demanda de esforço

Determine a quantidade média de horas que você e sua equipe dedicam a cada projeto ou produto. Isso inclui o tempo gasto em planejamento, execução, atendimento ao cliente e quaisquer outras atividades relacionadas ao trabalho.

Remuneração desejada

Qual é a remuneração desejada para você e sua equipe, levando em consideração fatores como experiência, habilidades e o valor que você acredita que o seu trabalho vale? Aqui, quero que considere também as obrigações legais e benefícios adicionais, como impostos, férias e benefícios complementares para a equipe, assim como planos de saúde e outras possíveis bonificações.

Margem de lucro desejada

Neste ponto, a margem de lucro desejada depende do valor percebido pelos clientes e da posição competitiva da sua empresa. Em fase inicial, é normal que a margem de lucro seja menor, especialmente porque ainda estão construindo reputação no mercado. No entanto, na minha visão, independentemente do negócio, você precisa determinar uma margem mínima que permita a viabilização e a sustentação do negócio a médio prazo. Mesmo que esteja buscando investidores, você precisará se planejar para o período em que estiver aguardando a concretização de um aporte.

Além disso, não posso deixar de apresentar aqui uma métrica essencial para os negócios, o ROI (retorno sobre o investimento), ou seja, uma medida do lucro gerado em relação ao custo do investimento. Ele é expresso como uma porcentagem ou proporção, e para calculá-lo, você precisa subtrair o custo do investimento do retorno obtido e dividir pelo custo do investimento. Depois, deve multiplicar o resultado por cem para obter a porcentagem. Por exemplo, se você investiu R$ 1.000 em uma campanha de marketing que gerou R$ 5.000 em receita adicional, o seu ROI seria de 400% (R$ 5.000 – R$ 1.000) / R$ 1.000) × 100).

Em resumo, entender o valor de um produto ou serviço passando por todos esses conceitos é fundamental para que você não tome decisões erradas, para que não precifique o que vende apenas por intuição. São definições que ajudam a delimitar o que é importante, colocam os números na mesa e mostram o caminho que precisa ser seguido.

Para auxiliar você nos conceitos que vimos até aqui, quero trazer um exercício prático desse cálculo. Para isso, vamos imaginar que você seja o proprietário de uma agência de marketing digital que deseja calcular o valor/hora da sua empresa. A lógica seria mais ou menos a que deixarei a seguir.

1. Identifique os custos diretos:
- Matéria-prima e ferramentas específicas para o projeto:

R$ 500,00.
- Mão de obra direta: R$ 2.000,00.
Total de custos diretos: R$ 2.500,00.

2. Calcule os custos indiretos:
- Aluguel do escritório: R$ 1.500,00.
- Contas de serviços essenciais (energia, água, internet): R$ 500,00.
- Despesas administrativas (software, suprimentos): R$ 300,00.
- Marketing e publicidade: R$ 700,00.
Total de custos indiretos: R$ 3.000,00.

3. Estime a quantidade de horas trabalhadas:
- Você trabalha em média 160 horas por mês.
- Sua equipe de dois funcionários trabalha em média 128 horas cada um por mês.
Total de horas por mês: 416 horas.

4. Calcule a taxa de remuneração desejada:
- Sua remuneração desejada: R$ 10.000,00 por mês.
- Remuneração dos funcionários:
R$ 5.000,00 por mês cada um.
Total de despesas com remuneração:
R$ 20.000,00.

5. Determine a margem de lucro (ROI) desejada:
- **Margem de lucro desejada: 20%.**

6. Faça o cálculo:
- Custos diretos: R$ 2.500,00.
- Custos indiretos: R$ 3.000,00.
- Custo total por hora (custos diretos + custos indiretos) / (horas trabalhadas por mês): (R$ 2.500,00 + R$ 3.000,00) / (160 + 128 + 128) = R$ 13,22 por hora.
- Remuneração total por hora (remuneração desejada + remuneração dos funcionários) / (horas trabalhadas por mês):
 (R$ 10.000,00 + R$ 5.000,00 + R$ 5.000,00) /

(160 + 128 + 128) = R$ 48,08 por hora.
- Margem de lucro por hora
((custo total por hora + remuneração total por hora) × margem de lucro desejada): (R$ 13,22 + R$ 48,08) × 20% = R$ 12,26 por hora.
- Valor/hora final (custo total por hora + remuneração total por hora + margem de lucro por hora): R$ 13,22 + R$ 48,08 + R$ 12,26 = **R$ 73,56 por hora**.

Nesse exemplo, o valor/hora da sua agência de marketing digital seria de R$ 73,56. Esse é o valor mínimo que você deve cobrar por hora para cobrir os seus custos, remunerar adequadamente você e a sua equipe, e obter uma margem de lucro de 20%.

Claro que este é apenas um exemplo hipotético e os valores variam de acordo com a realidade do seu negócio, mas estou trazendo-o aqui para que você visualize tudo o que deve considerar para fazer a venda.

Além disso, se você tiver a possibilidade de usar ferramentas e estratégias de marketing digital nessa fase de validação, recomendo a você testar, inclusive, o preço da sua oferta. Essa técnica é chamada de teste A/B, ou seja, para o mesmo produto ou serviço você cria dois formatos de oferta diferentes: pode testar os argumentos de venda ou diferentes preços. É importante que as pessoas que vão participar do teste sejam distribuídas aleatoriamente para que você possa ter um resultado menos enviesado. Ao comparar as taxas de resposta, você poderá tomar decisões mais confiáveis.

E muito importante: tenha um material que explique de maneira detalhada e cuidadosa como o seu produto/serviço funciona e como é o processo de adesão do cliente, especialmente nesse início do projeto, quando está com um MVP. Uma estratégia eficaz é garantir que o cliente terá um excelente canal de atendimento e suporte. Ele será a sua fonte de informações mais valiosas nessa etapa de validação, pois é o time ou a pessoa que faz o atendimento ao cliente que poderá coletar insights e feedbacks objetivos para que prepare o seu negócio para o crescimento.

PLANILHAS SALVAM NEGÓCIOS. ACREDITE!

Deixe eu contar algo a você. Construir e analisar planilhas é uma habilidade valiosa para qualquer empreendedor. Na Trakto, aprendi por experiência própria a importância de dominar essa habilidade e evitar erros comuns ao utilizar planilhas em nossas modelagens de negócios.

Sei que muita gente tem aversão a essa etapa, mas ela é essencial! É uma habilidade tão importante que, por um tempo, era o produto que eu queria oferecer para o mercado. Exatamente porque a planilha correta faz com que você possa ter uma atitude preventiva em relação à saúde financeira da sua empresa.

Para entender o que eu estou querendo dizer, imagine que um empreendedor chamado Lucas esteja gerenciando uma loja de roupas on-line. Ele decidiu criar uma planilha para acompanhar o fluxo de caixa da empresa e tomar decisões financeiras mais embasadas. Montou a planilha com colunas para registrar as vendas diárias, os gastos com fornecedores, os custos operacionais e outras despesas. Criou fórmulas para calcular o lucro líquido e o saldo disponível em caixa. A planilha estava em constante atualização conforme as transações ocorriam. Tudo certo até aqui!

Mas então, em um determinado mês, Lucas notou que o saldo disponível em caixa estava ficando negativo com mais frequência. Preocupado, ele começou a analisar a planilha detalhadamente para identificar o motivo desse desequilíbrio financeiro. Após uma revisão cuidadosa, nosso empreendedor percebeu que havia um erro na fórmula de cálculo do lucro líquido. A planilha estava subtraindo os gastos com fornecedores duas vezes, o que estava distorcendo o resultado. Esse erro estava impactando diretamente o saldo disponível em caixa, levando a um déficit financeiro.

Felizmente, Lucas identificou o problema a tempo e tomou medidas corretivas imediatas. Corrigiu a fórmula da planilha, removendo a duplicação dos gastos com fornecedores. Com a atualização feita, o lucro líquido e o saldo disponível em caixa começaram a refletir com precisão a realidade financeira da empresa.

A **AÇÃO** É A CHAVE PARA TRANSFORMAR AS SUAS IDEIAS EM **RESULTADOS** TANGÍVEIS.

TRAÇÃO E RESULTADO
@PAULOTRAKTO

Percebe a importância dessa habilidade? Para Lucas, saber sobre planilhas mudou tudo. Foi uma descoberta que evitou um prejuízo milionário para a sua loja de roupas on-line. Caso o erro na planilha não tivesse sido identificado, ele poderia ter tomado decisões financeiras equivocadas, como fazer investimentos desnecessários ou não ter controle efetivo dos gastos, levando a um desequilíbrio financeiro ainda maior.

E se você acha que estou exagerando, quero contar uma história. Todo mundo fala sobre o erro da Kodak em não acompanhar a evolução do mercado com câmeras digitais. Mas você sabia que, em 2005, eles tiveram uma queda no valor das ações em 31% por causa de um erro em Excel?

Na época, o CFO da Kodak afirmou que essa perda foi causada por um único funcionário, que errou os cálculos de indenização de funcionários demitidos naquele ano por conta do plano de reestruturação da companhia, que tentava se transformar em uma empresa de fotografia digital. Esse erro somou 9 milhões de dólares às perdas que já estavam previstas para aquele período.[33]

Sabe por que isso aconteceu? Esse único funcionário, responsável pela planilha, estava calculando as indenizações de 15 mil colaboradores da Kodak que trabalhavam em quarenta países diferentes. Nesse processo, o seu erro foi simplesmente adicionar zeros demais na soma. Mas ainda maior foi o erro de não haver um sistema de checagem que conferisse esses dados, o que resultou em perdas materiais.

Então, embora a empresa tenha conseguido reverter a situação e ajustar o fluxo de perdas, a percepção de um erro tão simples assim resultou em uma queda de 31% no valor de suas ações no bimestre. Algo que os machucou ainda mais.[34]

Portanto, leve as planilhas a sério! E dedique tempo para construir um sistema que tenha padronização e consistência na maneira de gerir as informações financeiras da sua empresa. Você não precisa

---

[33] 5 MAIORES desastres financeiros causados por erros no Excel. **Equals**, 21 ago. 2020. Disponível em: https://equals.com.br/blog/desastres-financeiros-erros-no-excel/. Acesso em: abr. 2024.

[34] JELTER, J. Kodak restates, add $9 million to loss. **Market Watch**, 9 nov. 2005. Disponível em: https://www.marketwatch.com/story/kodak-restates-earnings-adds-9-million-to-latest-loss. Acesso em: abr. 2024.

começar com uma plataforma cheia de integrações avançadas. Pode ser uma planilha, mas que seja uma planilha bem-feita!

Veja que elas são ferramentas poderosas, mas é importante utilizá-las com cuidado. Mantenha backups regularmente, documente suposições e metodologias usadas e faça revisões periódicas para garantir que as suas planilhas estejam atualizadas e alinhadas com a realidade do seu negócio.

Deixarei para você um presente da Trakto: uma planilha caprichada para você começar a fazer os seus controles.

https://trakto.link/tracaoeresultado

Para acessar, basta apontar a câmera do seu celular para o QR Code ou colocar o link em seu navegador.

A BATALHA DOS IMPOSTOS

Não dá para fugir, precisamos falar sobre *impostos*. Muitos empreendedores reclamam das cargas tributárias no Brasil, mas quero provocar você a encarar os impostos de forma estratégica e adotar uma postura proativa em relação a eles.

Primeiramente, é fundamental reconhecer que a legislação tributária no Brasil é complexa e está em constante mudança. Lidar com os impostos requer conhecimento técnico e atualização constante, o que nem sempre é viável para um empreendedor que já possui diversas responsabilidades relacionadas ao seu negócio. É nesse contexto que entra a figura do contador qualificado, que tem o conhecimento necessário para lidar com questões fiscais e tributárias.

Delegar essa função para um contador especializado permite ao empreendedor focar aspectos mais estratégicos do negócio, como o desenvolvimento da marca, o aprimoramento dos produtos ou serviços oferecidos e a conquista de mercado. Enquanto o contador se dedica a compreender e aplicar corretamente as obrigações tributárias, o empreendedor pode concentrar seus esforços em agregar valor ao seu produto.

É importante ter em mente que brigar contra os impostos é uma batalha perdida. O sistema tributário faz parte da realidade do país e é necessário cumprir as obrigações fiscais. Ponto-final. Em vez de gastar energia e recursos em uma luta infrutífera contra os impostos, é mais vantajoso para o empreendedor se concentrar em estratégias que agreguem valor ao seu negócio.

Então, em vez de reclamar sobre os valores dos impostos, inclua-os no cálculo do preço de venda, garantindo que a sua margem de lucro esteja adequada e que a empresa permaneça competitiva mesmo com os encargos. Mas não é só isso: esteja atento às oportunidades de benefícios fiscais e incentivos oferecidos pelo governo. Existem programas e regimes tributários especiais que podem trazer vantagens para determinados setores ou tipos de empresas. Assim, contar com o suporte de um contador qualificado pode ajudar a identificar e aproveitar essas oportunidades. Impostos não precisam ser uma dor de cabeça que trava os seus passos!

Gente que disse vamo que vamo

Ramon Ribeiro foi ao Trakto Show em 2021 como participante pela primeira vez. Dois anos depois, ele voltou ao evento como palestrante. Ele é um cara nascido no subúrbio do Rio de Janeiro, tornou-se militar de carreira do Exército Brasileiro, integrou a Força-Tarefa Guararapes, e em 2017 consagrou-se como o primeiro 3º Sargento da história do Brasil a estudar Medicina.

Deixou a carreira militar, voltou a estudar Medicina e começou a empreender na internet para sustentar a casa. Hoje, é um dos maiores influenciadores do estado da Paraíba e presidente da Liga Acadêmica de Nutrologia da Paraíba. Vive para falar sobre Deus, saúde, disciplina e superação. Já ajudou mais de 1.600 alunos a vencerem os próprios medos.

Em 2021, ele nos disse que, quando foi ao evento pela primeira vez, estava dando a si mesmo a última chance de viver os seus sonhos. Ali, entendeu que existiam diversos caminhos para começar a empreender usando a internet como um meio. Então, a partir do seu propósito e estilo de vida, está construindo uma comunidade de pessoas que compartilham sonhos e uma visão de mundo semelhantes. Ramon traçou uma rota bem interessante por meio de seus aprendizados a ponto de:

- Ter um público-alvo bem mapeado;
- Consolidar uma estrutura para que pudesse ter os meios corretos para entregar os seus treinamentos e programas de consultoria;
- Estabelecer um canal de relacionamento com o público, especialmente nas redes sociais, para fazer o fluxo de membros da sua comunidade e se manter em crescimento.

Enquanto escrevo este livro, ele já treinou mais de 1.600 alunos em três anos. Impressionante, não é?!

Trouxe esta história para que você entenda o poder que existe na mudança de mentalidade ao perceber que um negócio pode crescer e tracionar, basta saber os caminhos certos. E você, como estruturará tudo o que aprendemos aqui?

Para fecharmos esta parte, saiba que "fazer as contas" é necessário para entender os custos e ganhos da sua empresa, tendo indicadores mapeados e uma gestão eficiente de toda a estrutura financeira do seu negócio. A partir de agora, falaremos sobre como dar passos concretos em direção à realização das suas ideias.

PARTE 3:
TORNE REALIDADE

NÃO ESCALE A SUA STARTUP ATÉ TER CERTEZA DE PARA ONDE QUER IR.

CAPÍTULO 8

DIFERENCIAÇÃO E POSICIONAMENTO

A partir deste capítulo, entramos em uma segunda fase do negócio. Depois de validar o seu MVP e aprender com todos os feedbacks, é hora de aumentar o investimento para construir a primeira versão robusta da sua solução.

Aqui, você já está pensando em como escalar e tracionar o seu produto, aumentar a capacidade de atendimento do seu negócio e, potencialmente, estruturar um plano para conversar com investidores e ter já um projeto de saída do negócio. O que isso quer dizer na prática: se você pensa em vender a empresa, é nesta etapa que você prepara os fundamentos para tornar esse sonho possível.

Porém, se essa é a sua visão para o futuro da empresa, leve em consideração o que a pressão por resultados grandiosos pode fazer no seu time, além do estilo de vida, do produto e até mesmo do modelo de negócio. Se você não dimensionar o sonho e colocar os pés no chão, escalar a startup vai consumir a sua alma.

Assim, como agora você está se preparando para fazer um lançamento de maior impacto, existem dois elementos-chave:

- Trabalhar diferenciação;
- Construir posicionamento de marca.

DESCOBRINDO OPORTUNIDADES E SE DIFERENCIANDO NO MERCADO

Nos capítulos anteriores já falamos bastante sobre mapear concorrência e identificar como você pode atender às lacunas do mercado, mas o objetivo aqui é pensar: depois de todo esse mapeamento, como você usa estratégias avançadas para se diferenciar?

Ao observar de perto o que os nossos concorrentes estão fazendo, somos capazes de aprender com os acertos e erros, além de identificar lacunas no mercado e encontrar maneiras de oferecer um valor único aos nossos clientes.

Uma vez que você tenha identificado os seus principais concorrentes diretos e indiretos, é hora de aprofundar a análise. Visite os sites e perfis de mídia social dos concorrentes para obter insights sobre a identidade de marca, mensagens-chave, diferenciais competitivos e estratégias de comunicação. Analise campanhas publicitárias, presença nas redes sociais e interações com os clientes para entender como eles se envolvem com o público e quais táticas estão usando para conquistar novos clientes.

Além disso, leve em consideração as avaliações e comentários dos clientes sobre os seus concorrentes. São informações valiosas que podem revelar pontos fortes e fracos, bem como oportunidades de melhoria que você pode aproveitar em seu próprio negócio. Busque também as análises de mercado e relatórios setoriais para entender as tendências emergentes, as demandas dos clientes e as oportunidades que podem ser exploradas.

No caso da Trakto, tínhamos – e ainda temos – um concorrente gigante e direto: o Canva. Ao iniciarmos, tínhamos um objetivo claro: revolucionar a forma como as pessoas criam conteúdo visual para os seus negócios. Estávamos entusiasmados com a nossa proposta única e acreditávamos que poderíamos fazer a diferença no mercado. No entanto, sabíamos que tínhamos um desafio pela frente ao concorrer com uma startup unicórnio como o Canva.

Ele era – e ainda é – uma potência no mercado de design gráfico, com um valor de mercado exorbitante e que já captou bilhões de investimento, assim como comentei anteriormente. Comparando com a nossa realidade de 10 milhões de reais de investimento, a batalha fica bastante desequilibrada. No entanto, aprendemos que tamanho e capital não são os únicos fatores determinantes para o sucesso. É um processo que vai muito além!

A primeira dificuldade que enfrentamos foi a de nos posicionarmos no mercado. O Canva já tinha conquistado uma base sólida de usuários e se estabelecido como uma ferramenta popular para criação de peças visuais. Nossa abordagem foi a de oferecer uma solução diferenciada, focada na automação e na personalização de anúncios. Identificamos um nicho específico de pequenos negócios que precisavam de agilidade na criação de conteúdo e direcionamos os nossos esforços para atender a essa demanda.

Uma das estratégias que adotamos foi a de ouvir os nossos clientes de modo ativo. Realizamos pesquisas, entrevistas e análise de dados para compreender as suas necessidades e expectativas, assim como vimos em capítulos anteriores. Isso nos permitiu desenvolver recursos e funcionalidades que realmente agregavam valor e atendiam às suas demandas específicas. *Ao personalizar a experiência do usuário e oferecer soluções direcionadas, conseguimos construir uma base sólida de clientes fiéis e satisfeitos.*

Outra abordagem que adotamos foi a de buscar parcerias estratégicas. Estabelecemos colaborações com empresas do nosso nicho de mercado, como agências de publicidade e empresas de marketing digital. Isso nos permitiu ampliar o nosso alcance e fortalecer a nossa presença no mercado. Além disso, investimos em programas de afiliados e indicações, incentivando os nossos clientes satisfeitos a compartilharem a própria experiência com outros empreendedores.

Um dos principais diferenciais da Trakto em relação ao Canva foi a nossa ênfase na automação e na personalização. Enquanto eles ofereciam uma ampla gama de modelos e designs pré-fabricados, nós nos destacamos ao permitir que os usuários automatizassem a criação de anúncios, gerando milhares de peças em questão de segundos. Essa abordagem proporcionou economia de tempo e esforço para os nossos clientes, além de permitir a personalização e a adaptação de anúncios de acordo com diferentes públicos e plataformas.

Então, se você também entrará em concorrência contra um gigante, o que posso recomendar é: *não subestime o poder das parcerias estratégicas.* Ao se unir a outras empresas complementares, você pode ampliar o seu alcance e conquistar novos clientes. *Seja ágil e flexível em suas estratégias,* fique sempre atento às mudanças no mercado e esteja disposto a se adaptar rapidamente.

DIFERENCIAÇÃO E POSICIONAMENTO

O sucesso não está apenas nas cifras de investimento, mas na capacidade de entender e atender às necessidades dos clientes de maneira única e relevante.

POSICIONAMENTO DE MARCA

Muitos empreendedores ignoram a importância de pensar em *branding*, ou seja, posicionamento de marca quando estão nas fases iniciais da empresa. Ou então associam esse tema apenas ao logotipo ou ao design visual de sua empresa. No entanto, o *branding* vai além disso. *É a percepção que os clientes têm da sua marca e a conexão emocional que eles estabelecem com ela.*

Um bom *branding* ajuda a diferenciar a sua empresa em um mercado saturado, constrói confiança com os clientes e cria uma identidade única que ressoa com o seu público-alvo. É essencial transmitir uma mensagem clara e consistente em todos os pontos de contato com o cliente, desde o site até as redes sociais, passando por embalagens e atendimento ao consumidor.

CAIXA DE FERRAMENTAS
Como definir o posicionamento da sua marca

Existem algumas estratégias que podem ajudar você a definir o posicionamento da sua empresa, e é sobre isso que falaremos a partir de agora.

1. Conheça sua identidade e seu propósito: antes de definir o posicionamento, é fundamental ter clareza sobre a identidade e o propósito da marca. Pergunte a si mesmo:

- Qual é a história por trás da minha empresa?
- Quais são os meus valores e crenças fundamentais?

Compreender esses aspectos ajudará você a construir uma base sólida para o posicionamento de sua marca. Depois dessa definição, vamos ao próximo passo.

2. Destaque o seu diferencial competitivo: depois de mapear a concorrência e estabelecer qual será o seu diferencial, garanta que esse aspecto terá grande destaque em todas as comunicações. Por exemplo, no caso da Trakto, algumas das mensagens que mais usamos são: "Revolucione a criação de anúncio em escala" e "Soluções de automação e geração em escala para designs estáticos e vídeos". Ao comunicar de maneira consistente o seu diferencial, você cria uma associação positiva com os seus clientes em potencial.

3. Crie uma identidade visual forte: desenvolva logotipo e elementos visuais que representam a personalidade e os valores da sua marca. Esses elementos devem ser consistentes e reconhecíveis em todas as comunicações e materiais de marketing. Ou seja, as pessoas precisam reconhecer a sua marca em qualquer formato de comunicação, seja nas redes sociais, na embalagem ou em propagandas. Construção de marca é um processo de longo prazo, e quanto mais consistente o seu negócio for desde o início, melhor.

4. Comunique a sua história: conte sobre a trajetória por trás da marca, incluindo os valores, a missão e como você chegou até aqui. Pessoas se conectam com histórias autênticas, e isso ajuda a construir uma relação de confiança.

5. Cuide da experiência do cliente: ofereça uma experiência excepcional em todos os pontos de contato com o cliente e faça isso de modo que ele perceba os seus valores em todas as trocas com a empresa. Desde o primeiro contato até o pós-venda, certifique-se de que os clientes se sintam valorizados e satisfeitos.

PROPOSTA DE VALOR E POSICIONAMENTO ANDANDO JUNTOS

Quando estava passando pela aceleração no Vale do Silício, em 2014, tive a oportunidade incrível de tomar um café com Steve Blank, autor do livro *Startup: manual do empreendedor*,[35] no Town & Country Village. Foi um encontro surreal, porque eu estava com o livro dele na mochila, mas não esperava encontrá-lo naquele dia.

Em nossa conversa, ele me perguntou: "Por que os brasileiros pensam em resolver apenas problemas do Brasil?". Eu não tinha resposta naquele momento para essa pergunta. Tinha algumas desculpas como dinheiro e barreiras linguísticas, mas esses não foram os pontos dele. A pergunta de Steve ficou ecoando em mim por muito tempo.

Ainda nesse papo, estava também ao lado de um professor convidado de Berkeley que eu tinha conhecido na Plug and Play e que estudava a tese de profissionais criativos pelo mundo. Assim, ao lado dos dois, tive a oportunidade incrível de escutar dois gênios da academia em uma discussão em alto nível sobre o futuro dos profissionais criativos pelo mundo durante duas horas.

Depois, enquanto refletia sobre tudo o que tinha acontecido, eu me lembrei de algo que o meu pai sempre dizia: "Faça algo bem-feito, não para ser o melhor de Maceió ou do Brasil, mas sim para ser um dos melhores do mundo". Foi assim que pensar globalmente se tornou algo ainda mais urgente para mim.

Como eu sabia que a dor que me fez começar a Trakto não era exclusiva dos brasileiros, estava aí uma chance de trazer uma solução complementar que me faria potencializar o alcance e o atendimento da Trakto. Afinal, mesmo quando morei nos Estados Unidos e trabalhava para estúdios de cinema, as pessoas também tinham dificuldade para comunicar as suas ideias, apresentar orçamentos etc.

A minha lógica, portanto, foi: e se usássemos isso também para reforçar o diferencial da Trakto? Foi por isso que, quando colocamos a nossa primeira versão oficial para rodar, já fizemos o lançamento pensando em uma estratégia global e preparamos a plataforma para

---

[35] BLANK, S.; DORF, B. **Startup: manual do empreendedor**. O guia passo a passo para construir uma grande empresa. São Paulo: Alta Books, 2014.

operar em quatro idiomas: português, inglês, espanhol e alemão. Desde o início houve uma internacionalização do produto. Ou melhor, uma inter-regionalização.

Claro que a realidade não é tão simples como o sonho. Quando chegou o momento de implementar essa visão global, o Brasil enfrentava uma série de dificuldades políticas e eu estava bem preocupado em como a Trakto, uma empresa tão recente, se manteria resiliente. Foi aí que descobri uma startup com foco em soluções de pagamento, a Stripe (hoje, muito conhecida), que tinha acabado de lançar um programa que me permitiria vender fora do nosso país. A relação com a Stripe foi uma das melhores parcerias da nossa jornada, e ela literalmente mudou o nosso jogo em um momento crucial. Tanto que, até hoje, o preparo internacional é um diferencial estratégico muito relevante.

Sendo assim, posso afirmar que o posicionamento de marca não é algo estático, mas uma jornada contínua. À medida que a sua empresa evolui e cresce, é importante revisar e ajustar o seu posicionamento para se manter relevante e alinhado com as expectativas do mercado. Com perseverança, inovação e foco no valor agregado, você também pode conquistar o seu lugar no mercado, independentemente das adversidades que possam surgir. Até porque, como vamos falar no próximo capítulo, você precisa fazer o dinheiro entrar para a sua ideia não morrer.

CAPÍTULO 9

PLANO DE CRESCIMENTO OU O CALENDÁRIO DA MORTE

Dinheiro é importante. Vejo muita gente falando sobre propósito e impacto dos negócios, mas é preciso saber que, sem grana, ninguém vai muito longe. Por isso, deixe eu já apresentar a você algo que todo empreendedor deveria ter domínio: *o calendário da morte*. Parece estranho, mas é isso mesmo. Ele é real. Se não validar as suas hipóteses de mercado e começar a gerar receita com o seu projeto, o calendário da morte começará a ser a base de contagem dos dias da sua empresa.

Em 2014, criei o calendário da morte para que todo o time Trakto estivesse alinhado à urgência que tínhamos para captar investimento, algo que, para ser bem-sucedido, precisava também de uma excelente amostra de que tínhamos encontrado uma solução adequada para o mercado. Sete meses era o prazo que tínhamos para a empresa não quebrar.

A visão do calendário da morte permitiu que a gente não perdesse o foco do que precisávamos descobrir nessa etapa: validar hipóteses para que, com a chegada de novas receitas, pudéssemos preparar o negócio para a fase de PMF, *product market fit*, ou seja, compatibilidade do produto com o mercado.

Um modelo de negócio não é algo fixo, mas sim uma estrutura flexível que precisa ser constantemente avaliada e adaptada. Você precisará acompanhar as mudanças do mercado, as tendências do setor e as necessidades dos clientes para assegurar o sucesso no longo prazo. Os empreendedores devem estar dispostos a fazer ajustes no modelo de negócio quando necessário, buscando melhorias e inovação para se manterem competitivos.

Em nosso caso, o que aconteceu foi o seguinte:

- Colocamos a solução no ar;
- Tínhamos a possibilidade de atender a públicos de vários países;
- A nossa base de clientes estava crescendo de maneira consistente;
- Existia melhoria contínua.

Parecia tudo certo, não é mesmo? Sim, só existia um problema: mesmo com tudo isso, o fluxo de receita ainda não era adequado para o que precisávamos. Aqui, a necessidade de caixa mesmo com o projeto rodando bem e tracionando não parava de pé. Lembra-se da história da planilha? Era ela que nos mostrava que não tínhamos o resultado necessário. E ela manda em tudo sempre. É o seu verdadeiro negócio. Ou você respeita a planilha, ou a planilha educa você.

Durante esse período de sete meses em que precisávamos nos movimentar para fazer a empresa não morrer, nosso foco era implementar da melhor maneira possível o nosso plano de marketing e vendas enquanto, no paralelo, estávamos fazendo a captação da próxima rodada de investimentos.

MARKETING PARA NOVOS NEGÓCIOS

Se você trabalhar bem a construção da consistência na identidade de marca, isso trará reconhecimento e confiança do público, então poderá explorar o marketing de conteúdo como estratégia para posicionar a sua empresa como uma autoridade em seu setor.

Hoje, o marketing tradicional já não é mais o suficiente para atingir o público-alvo de maneira eficaz – isso todos nós sabemos. Então o marketing digital emergiu como uma poderosa ferramenta para alcançar e engajar as pessoas de maneira mais direta e personalizada. No entanto, é importante ressaltar que o marketing digital não é apenas uma vertente separada do marketing, mas sim uma extensão e uma evolução natural do próprio conceito de marketing.

Sempre falo para o meu time e para os parceiros que *marketing digital é marketing*, ou seja, as estratégias e os princípios fundamentais do marketing continuam sendo válidos no contexto digital. Embora as táticas possam ter se transformado, *a essência do marketing permanece a mesma: entender as necessidades e os desejos do público-alvo, criar valor e entregar uma mensagem relevante que ressoe com a sua audiência.*

Não acredito que o marketing tradicional tenha perdido a importância, mas os canais digitais criaram mecanismos para que os pequenos empreendedores consigam impulsionar o seu alcance.

Uma das principais vantagens do marketing digital é que ele nos traz dados em tempo real que podemos usar para melhorar a eficiência das nossas ações, principalmente quando estamos literalmente correndo da morte.

A chave para o sucesso do marketing digital está na compreensão do comportamento e das preferências do público-alvo, bem como na utilização das ferramentas e dos canais mais adequados para alcançá-lo. Então, para entrarmos na prática desse tópico, você vai precisar de alguns conceitos:

- **Canais de aquisição:** como os seus clientes chegam até a sua empresa? Como as pessoas descobrem que a sua empresa e o seu produto/serviço existem?

- **Métricas de performance:** como você sabe que está atraindo as pessoas certas? E qual é o potencial de receita que esses clientes estão gerando para a sua empresa?

Canais de aquisição

Canais de aquisição são os meios pelos quais você alcança e engaja o seu público-alvo, direcionando-o para o seu site, landing page, loja virtual ou até mesmo para o canal de atendimento no WhatsApp. Cada canal possui características e estratégias específicas, que podem ser combinadas de modo integrado para maximizar os resultados da sua estratégia de marketing.

Os principais canais que acho importante você ter em mente são:

1. Pesquisa orgânica (SEO): a otimização para motores de busca (Search Engine Optimization, ou SEO) visa melhorar a visibilidade do seu site nos resultados de pesquisa, aumentando a sua relevância e autoridade nos mecanismos de busca como o Google. É um canal de aquisição de tráfego orgânico, ou seja, não pago, que pode gerar resultados a longo prazo e trazer visitantes qualificados para o negócio.

2. Links patrocinados (Pay-per-Click, pague por clique): os links patrocinados, como o Google Ads, permitem que você exiba anúncios pagos nos resultados de pesquisa ou em sites parceiros. Essa estratégia de publicidade on-line oferece a vantagem de alcançar um público específico com base em palavras-chave e segmentação demográfica, garantindo maior visibilidade e potencial de conversão.

3. Mídias sociais: as mídias sociais, como Facebook, Instagram, LinkedIn e Twitter, oferecem um canal poderoso para interagir com o seu público-alvo, compartilhar conteúdo relevante e promover os seus produtos ou serviços. Essas plataformas permitem segmentar e direcionar anúncios para um público específico, além de promover o engajamento por meio de publicações orgânicas.

4. E-mail marketing: o e-mail marketing é uma forma eficaz de nutrir relacionamentos com leads, potenciais clientes e clientes, fornecendo conteúdo relevante, segmentado e personalizado diretamente em suas caixas de entrada.

5. Marketing de conteúdo: o marketing de conteúdo consiste em criar e distribuir conteúdo relevante e de qualidade para atrair e engajar o público-alvo. Por meio de blogs, vídeos, e-books, infográficos e outros formatos de conteúdo, você pode se posicionar como uma autoridade no seu segmento, atrair tráfego qualificado e gerar leads.

6. Parcerias e afiliados: estabelecer parcerias estratégicas com outras empresas ou influenciadores do seu nicho pode ser uma excelente forma de ampliar o alcance da sua marca e atingir um novo público. Por meio de programas de afiliados, você pode incentivar outras pessoas a promoverem os seus produtos ou serviços em troca de comissões por vendas ou indicações.

7. Eventos: dependendo de qual for o seu público e quais são os recursos que você tem disponíveis, os eventos podem ser uma estratégia muito interessante para entregar valor e atrair parcerias estratégicas e um público muito qualificado para a sua oferta. No caso da Trakto, os eventos são um dos nossos principais canais de aquisição.

Aqui, vale um ponto adicional: os eventos também geram muito valor para os seus clientes. Ao longo do livro, trouxe diversos exemplos de como o Trakto Show fez diferença para vários empreendedores. Um dos feedbacks que recebemos, do Rafael Gaia, cofundador e CEO da Roga Labs, que participa de maneira consistente de todas as edições desde 2018, dizia que o networking ali dentro é tão relevante que um dos maiores contratos da empresa dele foi fechado em um Trakto Show. É realmente uma oportunidade ganha-ganha de encontrar os clientes certos para o seu negócio e ajudá-los ainda mais a terem resultados a partir do momento em que se tornam parte da sua comunidade de relacionamento.

CAIXA DE FERRAMENTAS

Alvo certeiro

Apresentada no livro *Tração*, de Gabriel Weinberg e Justin Mares,[36] o *bullseye* é uma técnica para mapear os principais canais de atração dos seus clientes e identificar aqueles que geram mais resultado.

Imagine você, como um habilidoso arqueiro, mirando com precisão nas oportunidades que trarão os melhores números para o seu negócio. Essa estratégia consiste em identificar e focar os canais de marketing mais promissores para atingir o seu público-alvo. É como encontrar o ponto fraco do seu concorrente e explorá-lo com maestria. E a ideia é simples: você começa testando uma ampla gama de canais de marketing, como redes sociais, anúncios pagos, conteúdo em blogs, e-mail marketing, e por aí vai. O objetivo é descobrir quais canais estão trazendo mais retorno para o seu negócio, quais estão trazendo mais leads qualificados e, claro, quais estão gerando mais vendas.

A estratégia *bullseye* é como uma jornada de investigação. Você testa, analisa os resultados, refina as suas táticas e concentra os esforços nos canais que estão trazendo os melhores números. É como ser um detetive de marketing, descobrindo o segredo para alcançar o sucesso.

Ela é representada como na figura a seguir:

---

[36] WEINBERG, G.; MARES, J. **Tração**: domine os 19 canais que uma startup usa para atingir aumento exponencial em sua base de clientes. São Paulo: Alta books, 2020.

Definindo canais com bullseye framework

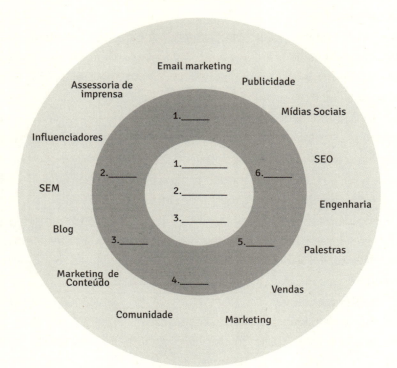

Essa estratégia envolve três etapas: experimentação, foco e escala. Aqui está como cada etapa funciona:

1. Experimentação: nesta etapa, você vai explorar diferentes canais de marketing para descobrir o que funciona melhor para o seu negócio. Faça uma lista de todos os canais possíveis, como redes sociais, SEO, e-mail marketing, publicidade paga, entre outros. Comece testando cada canal com pequenos investimentos e analise os resultados. Observe o desempenho de cada canal em termos de alcance, engajamento e conversões. Anote os canais que apresentarem resultados promissores. São aqueles que estão dentro do círculo, mas ainda na parte mais externa do alvo.

2. Foco: na segunda etapa, você vai se concentrar nos canais que mostraram maior potencial de sucesso. Reduza o número de canais para até seis opções e concentre os recursos e esforços nos que foram selecionados. Aplique estratégias mais elaboradas, como otimização de SEO, segmentação de anúncios, criação de conteúdo relevante, entre outros. Acompanhe de perto os resultados e faça ajustes conforme necessário.

3. Escala: quando encontrar os canais de marketing mais eficazes, é hora de escalar suas ações. Isso envolve aumentar o investimento e intensificar as estratégias nos canais selecionados. São eles que ocuparão o centro do alvo. Continue monitorando os resultados e fazendo otimizações à medida que você cresce. Lembre-se de manter um equilíbrio entre o investimento e o retorno, garantindo que as ações estejam trazendo resultados positivos.

No entanto, tenha em mente que não existe uma fórmula mágica. O que funciona para um negócio pode não funcionar para outro. Cada empresa é única e tem as suas próprias especificidades. Por isso, é importante ter um olhar atento para os dados, realizar testes constantes e ajustar a sua estratégia de acordo com o que funciona melhor para o seu negócio.

Métricas de performance

No capítulo 7, exemplifiquei alguns custos de marketing na seção de custos indiretos. Agora, com mais profundidade, quero trazer outras métricas que fazem parte da análise mais ampla de uma estratégia de marketing digital. Basicamente, queremos descobrir três coisas quando analisamos os dados gerados pelas campanhas de marketing:

1. Quantas pessoas precisam ser impactadas para que uma venda aconteça;

2. Quanto é preciso investir para alcançar essa audiência;

3. Qual é o potencial de receita que cada cliente pode gerar para o negócio.

Para chegar a essas respostas, você precisará ter objetivos traçados e, obviamente, terá que adaptar para o seu modelo de negócio. Contudo, um bom ponto de partida para avaliar quais são as métricas que fazem sentido para você é verificar os itens que explicarei a seguir.

1. Taxa de conversão: é a porcentagem de visitantes do seu site que realizam uma ação desejada, como fazer uma compra, preencher um formulário ou assinar a uma newsletter.

2. Taxa de cliques (CTR): é a porcentagem de pessoas que clicam em um link ou anúncio em relação ao número total de pessoas que o viram.

3. Custo por aquisição (CPA): como vimos anteriormente, é o custo médio para adquirir um novo cliente ou lead. É calculado dividindo o total de gastos com uma campanha pelo número de conversões geradas por essa campanha.

4. Retorno sobre o investimento (ROI): assim como vimos, é a relação entre o lucro gerado e o custo da campanha de marketing. É calculado subtraindo o custo da campanha da receita gerada e dividindo o resultado pelo custo da campanha.

5. Taxa de abertura de e-mails: é a porcentagem de destinatários que receberam o e-mail e o abriram. É uma métrica importante para avaliar a eficácia das suas campanhas de e-mail marketing.

6. Engajamento nas redes sociais: são métricas como curtidas, comentários, compartilhamentos e visualizações, e podem ser usadas para medir o engajamento do público com o conteúdo postado em redes sociais.

7. Taxa de retenção: é a porcentagem de clientes que continuam a comprar ou usar os seus produtos/serviços ao longo do tempo. É uma métrica importante para avaliar a fidelidade dos clientes e o sucesso das estratégias de retenção.

8. Valor do tempo de vida do cliente (LTV): representa o valor total que um cliente médio gera ao longo de seu relacionamento com a empresa. O cálculo geralmente envolve o valor médio de compra, a frequência de compra e a duração do relacionamento com o cliente. Um LTV mais alto indica que os clientes têm um alto valor para a empresa e justifica um investimento maior em estratégias de aquisição e retenção.

9. Custo de aquisição do cliente (CAC): como comentei anteriormente, ele é a soma de todos os custos de marketing, incluindo a equipe envolvida, dividido pelo número de clientes conquistados em um período.

Por fim, para fecharmos esta parte, quero que se lembre de que, quando estiver em uma mesa com investidores, CAC e LTV são duas métricas que eles vão querer saber imediatamente. Então tenha esses números em mãos!

COMO A TRAKTO NÃO MORREU ATÉ HOJE E CONTINUA CRESCENDO

Se estou escrevendo este livro, acredite quando reforço que entender sobre planilhas faz diferença. Parece uma coisa simples, mas a disciplina financeira é a habilidade mais importante para empreender e ser líder de um negócio. Não ter medo de pegar empréstimos e pedir ajuda no momento de dificuldade são fatores essenciais no entanto essas decisões precisam ser provenientes de uma planilha que tenha um plano claro de como pagar essa conta.

Todo investidor de startup faz uma aposta e sabe o risco do investimento. Mas, além disso, todo empreendedor tem que estar pronto para quebrar. Como não quebramos até hoje? Quebramos sim, várias vezes. Porém, não morremos. Mesmo faturando alto, a conta não fechava. E cada vez que não fechava, tínhamos que reduzir a equipe e os custos, pegar empréstimos, conseguir investimentos, e assim avançávamos um pouco mais. Um projeto só deve morrer quando os indicadores de crescimento ficarem estagnados e você não tiver mais recursos para pivotar.

E é preciso responder a uma pergunta fundamental: você, fundador e fundadora, está bem emocionalmente para segurar o tranco? Pois, no caso de um projeto morrer, você não pode tomar uma decisão baseada em ego ou vaidade ferida. Então não faça o que vi muitos fundadores fazerem: esconderem a derrota.

Derrotas precisam ser celebradas como derrotas. Isso quer dizer que devem ser transformadas em aprendizado. Nas inúmeras vezes em que a Trakto quebrou, eu tinha um plano. Essa possibilidade nova não era surpresa, pois eu via na planilha o que estava acontecendo e já estava trabalhando há meses para estar preparado para esse momento. Por isso, repito: planilha. Planilha! Mais uma vez: planilha.

Siga os números. *Follow the money*, siga o dinheiro. Saiba por onde o dinheiro está saindo, onde conseguir mais, e projete caminhos para conquistá-lo. É preciso ter faca nos dentes para vender.

Bora fazer dar certo

Para traçar o seu plano de crescimento, quero que reflita sobre três conceitos que abordarei a seguir.

Calendário da morte: quanto tempo o seu negócio tem de vida se absolutamente nada de diferente acontecer? Este é o prazo para você implementar ações de atração e geração de novas receitas.

Visão: a partir da visão de valor/hora da sua empresa e objetivos de lucro, defina metas para que você não precise ver o seu negócio morrer na data final do calendário da morte. Para cada objetivo, identifique as métricas de desempenho mais relevantes que podem ajudar a medir o progresso em direção a esse objetivo.

Plano de ação: o que você vai fazer para que esses objetivos possam ser alcançados? Identifique as estratégias e táticas que você implementará para melhorar as métricas de desempenho e alcançar os objetivos de crescimento.

Com a definição do calendário da morte, uma visão de crescimento e um plano de ação, você estará mais preparado para o que futuro e para o que vier. Imprevistos acontecem, é claro, mas o empreendedor precisa tentar ao máximo minimizar os danos.

Gente que disse vamo que vamo

Africana da Guiné-Bissau, Equitania da Silva foi ao Trakto Show pela primeira vez em 2022, quando conseguiu os ingressos para participar do evento. Lá, ela começou a ampliar a sua rede de contatos e pôde mostrar um pouco da sua cultura por meio das roupas.

No evento, conheceu o programa Sebrae Delas e, a partir de então, fez treinamentos voltados para a gestão do negócio, participando de outros eventos para apresentar o seu trabalho, como o Maceió Beauty Hair, no qual levou moda africana para a passarela com penteados e looks no desfile "Vestir-se de Si".

Ela faz um trabalho que reflete a sua história e resgata suas raízes ancestrais, além de empregar tanto meninas africanas quanto brasileiras. Apesar de ter começado o negócio distribuindo panfletos nos pontos de ônibus como primeira estratégia de crescimento, hoje ela consolidou-se como referência em Maceió com parcerias estratégicas aos utilizar os eventos como vitrines para o seu posicionamento e o seu trabalho.

Esse é o poder do ecossistema empreendedor. E você, como pode se movimentar?

CAPÍTULO 10

NEGÓCIOS COMEÇAM SEM DINHEIRO, EMPRESAS NÃO

Para transformar um negócio em uma empresa, você precisa obter recursos financeiros adequados. Isso pode ser feito por meio de diferentes fontes, como investidores, empréstimos bancários, economias pessoais ou até mesmo programas de aceleração e financiamento coletivo. Cada opção tem seus desafios e vantagens, e cabe ao empreendedor encontrar a melhor estratégia para o seu caso específico.

Vale considerar, entretanto, que o dinheiro não é apenas um *meio* para começar o negócio, mas também um *recurso* para sustentá-lo e fazê-lo crescer. A falta de capital pode limitar a capacidade de contratar talentos para o seu time, investir em marketing, desenvolver produtos e expandir o alcance do negócio. Portanto, é essencial ter uma visão clara de como o dinheiro será utilizado e buscar constantemente oportunidades para obter recursos adicionais.

No entanto, é igualmente importante ser inteligente e cuidadoso na gestão financeira. A falta de dinheiro pode ser um obstáculo, mas a má administração dos recursos disponíveis pode levar ao fracasso do seu negócio.

Além disso, claro, você tem que equilibrar a necessidade de recursos financeiros e a criatividade em encontrar soluções de baixo custo. Muitas vezes, é possível alcançar resultados significativos com investimentos inteligentes, criatividade e trabalho duro, sem depender exclusivamente de grandes somas de dinheiro.

EMPREENDEDORISMO RAIZ

Se você é o primeiro investidor da sua empresa, ou seja, está colocando dinheiro próprio, chamamos isso de modelo *bootstrap*. Você inicia sem recorrer a investidores externos ou empréstimos significativos. Foi o que eu fiz: coloquei o dinheiro que tinha juntado como capital para viabilizar o projeto da Trakto. Em outras palavras, você está financiando e crescimento o negócio por conta própria, utilizando os recursos internos disponíveis e gerando receita para reinvestir no próprio negócio.

Ao optar por esse modelo, os empreendedores assumem total responsabilidade pelo financiamento de suas operações e pelo desenvolvimento do negócio. Por isso, você precisa então de uma abordagem mais cautelosa e estratégica em relação aos recursos disponíveis, uma vez que precisará priorizar os investimentos essenciais e evitar gastos desnecessários. E entre as razões pelas quais os empreendedores optam por iniciar um negócio *bootstrap*, vejo que existem quatro pontos principais. São eles:

1. Independência financeira: ao evitar o financiamento externo, você mantém o controle total sobre o negócio, sem a necessidade de compartilhar a propriedade ou tomar decisões influenciadas por investidores.

2. Maior foco na rentabilidade: quando você não está sob pressão para fornecer retornos rápidos aos investidores, pode se concentrar em construir um negócio sustentável e rentável a longo prazo.

3. Flexibilidade e agilidade: com menos restrições financeiras e burocráticas, você pode tomar decisões mais ágeis, adaptar-se rapidamente às mudanças do mercado e testar diferentes estratégias sem a necessidade de aprovação de terceiros.

4. Aprendizado e crescimento: ao enfrentar os desafios de iniciar um negócio com recursos limitados, você desenvolve habilidades essenciais de gestão financeira, criatividade e resiliência. Essas experiências podem ser inestimáveis ao longo do caminho empreendedor.

No entanto, preciso dizer que começar um negócio *bootstrap* também apresenta desafios (lembra-se do calendário da morte?). Recursos financeiros limitados podem significar crescimento mais lento e menor capacidade de investir em marketing, contratação de talentos para o time e infraestrutura. Então você precisa ter um plano!

Agora, mesmo começando com recursos próprios, pode chegar um momento em que você percebe que, para acelerar o crescimento, precisa de capital externo. Nesse caso, você precisa se preparar para uma rodada de captação. Tive que aprender na raça como funcionava esse mundo e qual era o fluxo que fazia esse universo girar. Agora posso passar esse conhecimento adiante e mostrar um pouco sobre a minha experiência para que você tenha informações necessárias caso decida entrar nesse ecossistema.

CAIXA DE FERRAMENTAS

As fases da captação de investimento

A partir da minha jornada, percebo que existem pelo menos quatro fases de captação de investimentos. Falaremos sobre cada uma delas a seguir.

Fase 1: pré-seed (pré-capital semente)

É quando a captação de investimento acontece com uma empresa que está em estágio de conceito ou desenvolvimento inicial do produto. Normalmente, em pré-seed o investidor é você e as pessoas próximas a você. O dinheiro do pré-seed serve para você fazer o MVP rodar, por isso é mais comum que seja um recurso próprio.

Embora na maioria das vezes o recurso seja apenas seu, é em pré-seed que acontece o aporte do investidor-anjo. Esse tipo de investidor coloca dinheiro em empresas em estágio inicial a fim de acompanhar o crescimento do negócio. Além do recurso financeiro, o investidor-anjo também pode contribuir com conhecimentos específicos que os fundadores não possuem.

Nesta etapa, os valores variam entre 10 e 50 mil reais caso seja um investidor-anjo individual, isto é, apenas uma pessoa investindo. Se a negociação for com um grupo de anjos, a captação pode chegar a 1 milhão de reais. No caso da Trakto, o primeiro investimento foi captado em 2016, e o Luis Rodeguero foi um dos nossos investidores-anjo. Hoje, além de investidor, é nosso chief financial officer (CFO) ou diretor financeiro.

Fase 2: seed (capital semente)

Aqui, a empresa já desenvolveu um protótipo ou MVP e está buscando financiamento para iniciar as operações comerciais e expandir a equipe. Os investidores nesta fase geralmente são anjos-investidores, investidores de venture capital (VC), ou capital de risco, de seed ou aceleradoras. Aceleradoras e incubadoras são ótimas aliadas nessa fase. Ao participar de programas de aceleração e incubação, você ganha não apenas suporte financeiro, mas também mentoria, networking e acesso a uma rede de investidores. E os valores podem variar entre 500 mil e 10 milhões de reais.

Em 2020, quando participamos de uma aceleração na TheVentureCity, uma aceleradora renomada nos Estados Unidos, tive acesso a uma rede de investidores que estavam interessados em startups de tecnologia. Isso abriu portas para oportunidades de financiamento que ajudaram a impulsionar o crescimento da minha empresa.

Fase 3: series A

Para captar esse tipo de investimento, a empresa já demonstrou tração significativa, comprovou a viabilidade do modelo de negócios e está pronta para escalar. Os fundos levantados nesta fase são usados para expansão de mercado, desenvolvimento de produtos e crescimento da equipe. Os investidores incluem VC de série A e alguns investidores institucionais, e é uma rodada que pode gerar entre 10 e 100 milhões de reais. Porém, o mais comum é que sejam sempre valores acima de 20 milhões de reais.

O grande objetivo é acelerar o crescimento e a escalabilidade da empresa. Por isso, os investimentos já são bem mais altos.

Fase 4: series B (em diante)

Nas fases de série B, C, D e assim por diante, a empresa já alcançou um certo nível de sucesso e está buscando financiamento adicional para acelerar o crescimento, expandir para novos mercados ou adquirir concorrentes. Os investidores nesta fase incluem principalmente fundos de venture capital, investidores institucionais e, às vezes, fundos de private equity, ou capital privado.

Em termos de valores, aqui estamos falando de captações acima de 100 milhões de reais.

INVESTIDOR OU SÓCIO: DOIS PAPÉIS IMPORTANTES, RESPONSABILIDADES DIFERENTES

Enquanto um investidor fornece financiamento em troca de retorno financeiro e geralmente não participa ativamente da gestão da empresa, um sócio é parte integrante dela, compartilhando tanto os riscos quanto os lucros, além de desempenhar um papel ativo na tomada de decisões e na operação do negócio. Por isso, quero falar sobre a decisão de trazer esses dois parceiros que podem fazer toda a diferença na sua jornada, de maneira positiva ou negativa.

Primeiro, o sócio

Quando eu e o Jorge nos conhecemos, ele tinha a empresa dele, uma pequena agência. Já comentei com você sobre como o nosso primeiro contato foi importante, como ele se dedicou. Então, quando ele fez a proposta de se tornar sócio, eu aceitei.

Escolhi o Jorge porque, além de ter habilidades complementares às minhas, ele é um cara do bem. Uma pessoa boa. E digo porque é possível ver isso até mesmo nas pequenas coisas. Todos temos problemas, e eu sei que não é fácil trabalhar comigo. Não mesmo. Mas jamais passaria alguém para trás por dinheiro, jamais colocaria dinheiro a frente do ser humano com quem faço negócio. Jorge compartilha desses valores. Conheci a sua família, e os seus pais são pessoas maravilhosas. Sabendo que é um menino bom, quase dez anos mais novo que eu, decidi apostar. E ele também.

Negócio envolve lucro e dinheiro. E o dinheiro pode mudar as pessoas. Sei disso e com certeza você também. Então sempre observo como o outro se comporta em relação ao dinheiro e percebo que essa relação geralmente vem de casa.

Nenhum negócio vai valer a pena com um sócio que não compartilha os seus valores. A escolha de um sócio tem que partir desse princípio. O que mais existe hoje são empreendedores de sucesso com um histórico de rasteiras em sócios e parceiros, e se for desse jeito, não vale a pena. Prefiro quebrar dez vezes a ter sucesso pagando por esse preço. Essa é minha linha de corte. No Jorge, vi um cara que pensa igual.

Mas não imagine que não fui enganado por outros com quem cruzei pelo caminho. Por dinheiro tem gente que mata e morre, que perde os seus valores no primeiro grande cifrão à frente. Usam pessoas como escadas e depois as largam pelo caminho. São pessoas espertas que crescem rápido, mas o questionamento que faço é: vale a pena? O dinheiro vale mesmo a pena? Acredito na lei do Universo de que o que você faz, um dia volta. Então a resposta, para mim, é não.

Gosto muito de História Antiga, e pensando sobre todos os reis e faraós que construíram castelos e pirâmides, a verdade é que nenhum levou nada daqui da Terra. Tentaram de todo jeito ser inesquecíveis, assim como os empreendedores querem deixar a sua marca no mundo. Infelizmente, muitos acreditam que o acúmulo de capital é a métrica de sucesso. Para mim, a verdade é o oposto. É como você consegue ficar em paz consigo mesmo. É isso o que você vai levar daqui.

Então escolha um sócio que compartilhe a sua visão de mundo. Sócios devem estar alinhados em termos de valores, metas e expectativas para o negócio. Afinal, assim como no casamento, você compartilhará o sucesso, as dificuldades e as responsabilidades da empresa. Por isso, olhe bem os valores daqueles com quem você se relaciona. Como é a família? Faça a sua *due dilligence*, investigação pessoal.

E lembre-se: as pessoas mudam. Seja por dinheiro, cansaço ou apenas por um sentimento pessoal de mudança. Cada pessoa tem a sua própria personalidade, pontos fortes e pontos fracos. Pode haver diferenças de opinião, conflitos e momentos de tensão. Mas é nesses momentos que a força da parceria é testada.

Você e seu sócio precisam ter uma comunicação muito aberta e transparente, para que construam uma relação de confiança e resolvam conflitos (eles vão aparecer!) de maneira construtiva. Então é fundamental definir claramente as funções e responsabilidades de cada sócio. Isso ajuda a evitar confrontos e mal-entendidos, garantindo que cada um saiba quais são as suas áreas de atuação e como contribuir para o sucesso da empresa.

Por outro lado, um processo de distrato ou judicial suga a alma do empreendedor, então escolha bem e, se as coisas derem errado, não tenha medo de ser o otário da história. É muito melhor ser o otário do que o malandro. O otário, se souber processar internamente a rasteira, dorme bem à noite, tem amor no coração e pode se recuperar e reconstruir quantas vezes for necessário. O malandro só tem uma coisa: malandragem. E aposto que você não quer estar desse lado do jogo, assim como eu não quero.

Depois, o investidor

Quando se trata de investimentos, aprendi ao longo da minha jornada que os investidores, na maioria das vezes, estão buscando pessoas em quem confiar, antes mesmo de olhar para o potencial de negócio. E isso faz todo o sentido.

Ao decidirem investir em uma empresa, os investidores estão colocando os seus recursos financeiros em jogo. Eles querem ter a confiança de que estão fazendo a escolha certa, de que estão investindo em alguém capaz de levar o negócio adiante, enfrentar desafios e alcançar o sucesso.

Nessa perspectiva, o foco principal não está apenas na ideia de negócio, mas na pessoa por trás dela. Os investidores querem saber se o empreendedor é resiliente, determinado e capaz de superar os obstáculos. Buscam sinais de comprometimento, paixão e habilidades de liderança.

Isso ocorre porque, ao investir em um empreendimento, os investidores estão formando uma parceria. Querem estar ao lado de alguém em quem possam confiar, que compartilhe os mesmos valores e visão de longo prazo. Afinal, construir um negócio de sucesso requer uma equipe unida e motivada.

Claro, o potencial de negócio é essencial, mas, no fim das contas, os investidores estão colocando o seu dinheiro nas mãos de *pessoas*. Portanto, querem ter a certeza de que estão investindo em alguém que tem o que é preciso para fazer a diferença e levar o negócio ao sucesso.

UM PONTO DE ALINHAMENTO PARA SÓCIOS E INVESTIDORES: QUANTO VALE ESSE NEGÓCIO?

Não existe uma fórmula exata para calcular o valor de uma empresa, mas, seja para você trazer o seu sócio para a sua visão de futuro ou se preparar para fazer uma captação com investidores, você precisará pensar sobre o *valuation*, o valor de mercado, da sua empresa hoje e quanto ela pode valer se todo o seu plano de crescimento funcionar.

O principal objetivo de um *valuation* é calcular um valor que o investidor vai pagar para ter ações da sua empresa. Para entender melhor esse conceito, existem dois termos bem comuns:

- **Pre-money:** o valor da startup hoje, antes de receber o investimento;
- **Post-money:** o valor da startup depois de receber o investimento.

Cálculo básico de *valuation*

Se seu projeto precisa levantar 100 mil reais e você acredita que a sua startup vale 1 milhão hoje, depois da captação valerá R$ 1,1 milhão post-money. Por isso, temos que:

Post-money: R$ 100 mil / R$ 1.1 milhão × 100 = 9.09%.
Pre-money: R$ 100 mil / R$ 1 milhão × 100 = 10%.

Na negociação, vocês vão estabelecer qual será a contrapartida para o investidor. Esse valor que o investidor aporta implica o acordo de termos de sua participação, não apenas em cotas da empresa, mas quanto será a sua participação ativa, considerando direito a voto em decisões estratégicas, preferência de liquidação, participação na governança etc.

Os principais fatores ao calcular um *valuation*

Similares de mercado ou competidores: o mercado no qual a empresa está inserida é muito utilizado para o cálculo. Por exemplo, se você está surfando a onda de hardware ou fintech, está em um mercado altamente aquecido e existem similares para quase tudo. Sendo assim, investidores podem olhar a tração e os números e projetar o quanto a startup pode crescer e o quanto as outras cresceram no mesmo período. Investidores e empreendedores podem se beneficiar dos números de outras negociações e usar como base.

TRAÇÃO E RESULTADO

Tamanho do mercado: esse assunto é muito importante! Falo isso porque muita gente faz uma pesquisa superficial do tamanho em potencial do seu mercado. Aquele slide que todo investidor pede é para poder ter uma noção de onde está entrando. Se você tem um ótimo mercado, com milhões de potenciais clientes que podem pagar 100 ou 200 reais por mês, você tem um negócio bilionário na mão. E isso é muito importante para entender o quão grande e rápido o seu mercado pode crescer.

Time e equipe: este é o ponto mais importante do *valuation*. Quem está por trás da ideia vale mais do que a ideia. Investidores gostam de algumas características que incluem: experiência no mercado, formação educacional, relação entre os fundadores, equipe técnica e *fit* de valores.

Estágio do negócio: se você ainda tem uma ideia em uma apresentação de slides, mas não fez o dever de casa, se prepare para um valor muito baixo. Mas se você já deu os primeiros passos na construção da ideia, seja um negócio de base tecnológica ou não, e já consegue apresentar resultados e projeção de crescimento sólidos, o valor vai aumentar.

Tração: em alguns casos, tração é pré-requisito para receber um investimento. Tração é exatamente como um carro que está saindo do lugar. A tração pode estar relacionada a número de downloads, de cadastros, de uso diário, de retorno dos usuários... e, claro, de vendas. Muitas startups conseguem tracionar em usuários, porém ainda não geram receita. Mas tem um uso muito intenso pelos usuários. Isso era comum no início do mercado SAAS, e hoje os investidores buscam tração baseada em receita. Se tem um uso intenso e está vendendo, isso é um indicador de potencial de mercado. Entramos aí também em taxa de conversão de cliente: quantos clientes usam o seu produto, quantos realmente o compram. Uma matemática simples é: 1.000 pessoas visitam uma landing page, 200 criam cadastro (20% de conversão para trials), 10 compram (1% de conversão dos visitantes, 5% de conversão de trials). Esse tipo de cálculo é o que o investidor espera de um SAAS. Para outros modelos de negócio, como e-commerce ou B2B, a mecânica muda mas o objetivo é o mesmo. Se for uma loja física, é a mesma coisa: quantas pessoas entram na minha loja, quantas realmente compram? Isso ajuda a definir toda uma planilha de crescimento, potencial de mercado e até o valor do investimento.

Veja que tracionar é justamente identificar indicadores de um modelo de negócio escalável. Não necessariamente esse modelo que vai levar você do ponto A ao ponto B será o mesmo que vai te levar à escala.

Neste ponto, sabemos que o que falta é recurso financeiro para investir no próprio negócio, seja para melhorar tecnologia, trazer mais equipe ou ampliar portfólio. No Brasil, investimento sem o mínimo de tração é muito arriscado. Além disso, receber investimento sem ter tração faz com que você fique muito barato no mercado. O investidor fica atento para superideias que são, na verdade, uma furada. Isso acontece quando se tem muita promessa e pouca ação. O discurso principal que assusta investidores e faz o *valuation* ir para as cucuias é: "Assim que tiver dinheiro, faço o produto".

Rodadas futuras de investimento: faça um plano de quanto dinheiro você precisará e descobrirá que, especialmente no Brasil, investidores vão dar o mínimo possível para ver o quanto você caminha com esse dinheiro. É preciso planejar bem e, principalmente, sonhar grande na planilha. Quando estamos começando, 1 milhão de reais de investimento parece muito, mas, ao ver que o seu fluxo de caixa dispende cerca de 100 mil reais por mês, você descobre que em menos de um ano já precisará de outra rodada.

Urgência: se a sua startup está ficando sem dinheiro, o valor de mercado vai ser sempre menor. Levante dinheiro quando não precisar, e o seu *valuation* será mais alto.

O cenário econômico: seu *valuation* está diretamente conectado à economia do país. Isso pode ser positivo ou negativo. Imagine que o mercado em que atua, mesmo com uma crise, cresceu 30%. O investidor sabe analisar isso bem e enxergar uma oportunidade, fazendo com que o seu *valuation* possa até subir. No caso da Trakto, em 2016 o país passava por uma crise, mas nós já estávamos operando a nível internacional, o que nos ajudou a não ter um *valuation* menor por conta do cenário econômico.

Modelo de contrato: esse ponto costuma trazer problemas e fazer o valor da sua empresa ir para cima ou para baixo. Para esse ponto deixo sempre o alerta para investidores e empreendedores: cuidado com a *cláusula antidiluição*. Isso quer dizer o seguinte: se alguém comprar 30% da sua empresa quando ela valia 1 milhão de reais e colocar essa cláusula no contrato, isso significa que ela terá 30% do seu projeto durante todas as próximas rodadas de investimentos. Ou seja, é uma cláusula que dilui a participação dos fundadores ao mesmo tempo em que, na série A, os empreendedores perdem o controle da empresa.

É uma prática predatória que prejudica os dois lados. O investidor tem que olhar o retorno, não a porcentagem. O retorno do capital pode ser de 10, 15, ou 20 vezes, mas depende das rodadas de investimento. Um fundo pensará muito bem antes de entrar em uma startup na qual os fundadores são os únicos a serem diluídos. É o caso em que a ganância quebra o negócio antes mesmo de ele nascer. Investidores buscam segurança, mas há outros mecanismos de proteção. O investimento tem que ser atrelado ao potencial de retorno, e não necessariamente ser igual à porcentagem de uma startup.

Esse investidor predador tentará empurrar um contrato em você. Cuidado! Já o investidor inteligente construirá um contrato com você.

Você está fechando um bom negócio?

O *valuation* não é uma ciência exata. Não existe fórmula matemática. É uma negociação. Tem empreendedor que fica com 100% de nada. Outros, ficam com 20% de 50 milhões de reais. Quem tem mais? Exato. Você precisa desapegar de porcentagem e criar um plano de captação baseado no seu plano de ação. Desenhe o quanto você quer que o seu *valuation* seja daqui a três anos. E diga de quanto você está disposto a não abrir mão. O resto, coloque à venda no momento certo.

Se vender barato demais, terá problemas. Se vender caro demais, terá problemas também. Isso vale para o investidor. Comprar barato demais significa um problema sério para o empreendedor levantar novos rounds de investimento. Investidor e empreendedor precisam estar de comum acordo ou, pelo menos, um lado tem que mostrar evidências que convençam o outro.

> *Dica: um bom* valuation *é confirmado pela vontade do investidor em entrar no negócio ou pelo desejo do empreendedor em vender partes da sua empresa.*

Assim, lembre-se de que falar sobre dinheiro faz parte da construção de uma empresa, pensando sobre sócios ou investidores, captação de investimentos, *valuation* e todos os detalhes que envolvem esse processo.

CAPÍTULO 11

COMO FUNCIONA A RELAÇÃO COM OS INVESTIDORES

Construir um relacionamento sólido com investidores é fundamental para a jornada empreendedora. Acredito que essa é uma das habilidades mais valiosas que aprendi ao longo da minha trajetória na Trakto, então permita-me compartilhar uma história que ilustra essa importância.

Quando estávamos em busca de investimentos para expandir o nosso negócio, lembro-me bem de que fizemos muitas reuniões, apresentamos a nossa visão e compartilhamos os números promissores da empresa. No entanto, percebi que algo estava faltando: *a conexão pessoal com os investidores.*

Decidi adotar uma abordagem diferente e me concentrar em estabelecer um relacionamento genuíno com cada investidor. Em vez de apenas falar sobre o nosso negócio, comecei a ouvir atentamente seus interesses, histórias e expectativas. Busquei entender seus objetivos e motivações como investidores. Foi uma mudança importante, e essa nova perspectiva fez toda a diferença. À medida que construímos um relacionamento mais próximo, a confiança se fortaleceu. Pude compartilhar com eles as dificuldades que enfrentamos, as lições que aprendemos e as estratégias que planejávamos implementar.

Aos poucos, percebi que os investidores não estavam apenas interessados no potencial financeiro do negócio, mas também na equipe por trás dele. Queriam investir em pessoas apaixonadas, resilientes e comprometidas com o sucesso da empresa.

Além disso, manter uma comunicação aberta e transparente foi fundamental. Compartilhávamos regularmente atualizações sobre o progresso do negócio, as métricas-chave e os desafios. Estar disposto a ouvir feedbacks e sugestões dos investidores fortaleceu ainda mais a nossa parceria.

Percebi que construir relacionamentos com investidores é semelhante a cultivar amizades duradouras. Requer tempo, confiança mútua e respeito. Assim como em qualquer relacionamento, é preciso ser autêntico e genuíno, demonstrando interesse verdadeiro nas pessoas. Mas não canso de repetir: pessoas mudam. Investidores ainda são pessoas, e mesmo que para você pareça uma relação de longo prazo, para alguns pode ser temporário e efêmero.

Hoje, tenho o privilégio de contar com investidores que não apenas acreditam no potencial da Trakto, mas também se tornaram parceiros estratégicos e mentores. Essas parcerias têm sido inestimáveis para o nosso crescimento.

Por isso, quando estiver buscando um investidor, não olhe isso apenas como uma transação financeira entre as partes. Invista tempo em construir relacionamentos autênticos e duradouros, baseados em confiança, alinhamento de valores e uma visão compartilhada. O valor dessas parcerias vai além do capital investido e pode ser fundamental para o crescimento e a evolução do seu negócio.

Tanto é que existem dois termos bastante comuns na relação entre empreendedores e investidores: *smart money* e *dumb money*. *Smart money* ou dinheiro inteligente acontece quando um investidor vai além do dinheiro. Ele entra de cabeça na empresa e rema junto com os empreendedores. Isso quer dizer: abrir portas, fazer mentorias, divulgar e ajudar na relação com fundos e, principalmente, na conquista de novos parceiros. Ele dá um selo, um aval para o empreendimento. Mas cuidado: nem todo *smart money* é realmente inteligente.

Muitos investidores se aproveitam desse termo para vender uma coisa e entregar outra. É muito comum investidores prometerem abrir portas ou conectar você com contatos diferentes e depois mudarem de ideia. Como isso não está em contrato, não há problema alterar a rota.

E tenha um cuidado especial com *equity for media*, ou seja, participação da sua empresa por publicidade. *Nunca faça isso!* Com destaque mesmo. Jamais entre nessa jogada. Conheço dezenas de histórias com fins terríveis. Às vezes, o *dumb money*, dinheiro burro, é o melhor caminho. Ele é apenas dinheiro. Isso quer dizer: o investidor coloca o dinheiro e não se envolve de maneira nenhuma com a startup. Ele acaba cobrando apenas resultado. Se isso for bem alinhado no momento do investimento, ótimo.

Muitas vezes, a empresa entra só com o nome. Em outras, com o nome e com as estratégias e contatos. Não existe nada de errado em nenhum dos cenários. Imagine que a Disney resolva investir no seu projeto e que, além de investir, ela abra as portas de parceiros. Você verá que o nome de quem investe pesa. E que isso vale muito, mas muito dinheiro mesmo. Impacta diretamente o *valuation* da empresa, assunto sobre o qual falamos no capítulo anterior.

O sucesso não se resume apenas ao dinheiro investido, mas ao apoio e expertise que os investidores podem oferecer ao longo da jornada. Construir relacionamentos sólidos com investidores pode ser um diferencial significativo e abrir portas para oportunidades incríveis.

Por fim, para fecharmos este primeiro momento, quero deixar uma dica para a vida: *contrate um ótimo advogado*. Eu encontrei o meu, o nome dele é Diogo Nobre. É alguém que recomendo a todos os amigos empreendedores. Diogo é excelente negociador, participa ativamente de todas as fases do projeto e é o meu porto seguro para as decisões que envolvem contrato, dinheiro e *equity*. Além disso, ele me orienta a entender quando estou errado, quando devo abrir mão de posições e, principalmente, quando precisamos ser firmes. Até hoje nunca tivemos problemas jurídicos que resultaram em ações que fossem de ordem trabalhista ou de negociações. Um ótimo advogado vai sempre tentar evitar que um processo se inicie, enquanto um advogado comum vai sempre trazer essa opção na mesa. Perdem-se as joias, mas ficam os dedos. O peso de um processo é tudo o que você não quer na vida.

Provavelmente, este mundo é completamente novo para você, então um advogado especializado e com experiência em acompanhar a jornada de empreendedores ajudará a entender regulações e implicações jurídicas, a como proteger os interesses legais e comerciais da empresa e apoiará você em todas as negociações e transações. Por isso, contrate um bom advogado, encontre o seu Diogo.

SE QUER RECEBER INVESTIMENTO, INVISTA NA TRANSPARÊNCIA

Este termo, transparência, é a pedra angular nos relacionamentos com investidores. Acredito que a honestidade e a integridade são essenciais em todas as interações nessa parceria, especialmente quando se trata de compartilhar informações financeiras e projeções.

Quando estávamos levantando investimentos para a Trakto, aprendi a importância de ser transparente e realista sobre os nossos números e projeções. É tentador ceder à pressão e exagerar as estimativas de crescimento ou minimizar os desafios. No entanto, percebi que isso não só prejudica a credibilidade da empresa, mas também mina a confiança dos investidores.

Ser transparente significa fornecer informações precisas e atualizadas sobre o desempenho financeiro da empresa, mesmo quando os resultados não são tão positivos quanto esperávamos. É crucial compartilhar os números reais e explicar as razões por trás das flutuações ou dos desvios das projeções iniciais.

Além disso, é importante admitir e aprender com os erros. Todos os empreendedores enfrentam desafios e falhas ao longo do caminho. Então, em vez de tentar encobrir ou minimizar esses obstáculos, é mais eficaz abordá-los de frente. E investidores valorizam a honestidade e a capacidade de aprender com as dificuldades, pois isso demonstra resiliência e maturidade em lidar com os altos e baixos do negócio.

Na Trakto, sempre mantivemos uma comunicação aberta e honesta com os nossos investidores. Eles estavam cientes dos riscos associados ao empreendedorismo e entendiam que nem tudo sairia como planejado. Apreciavam a transparência e a confiança que construímos ao longo do tempo. No fim, é uma relação ganha-ganha. Essa transparência, quando adotada, demonstra respeito e comprometimento com a parceria. Isso fortalece a confiança mútua e permite que os investidores se envolvam de maneira mais significativa na tomada de decisões estratégicas e no apoio ao crescimento do negócio.

Para que você possa entender o quanto levo isso a sério, minhas contas pessoais com extrato estão nos arquivos da empresa. Cada compra no cartão de crédito pessoal, desde as fraldas dos meus filhos até os jantares em família, também estão lá. Não tenho absolutamente nenhum problema com isso. O Luis Rodeguero, nosso CFO, que é quem cuida das finanças, é um investidor. Eu mesmo o convidei. Ele tem acesso completo e pode auditar cada centavo gasto, investido e ganho com a Trakto. Preze pela transparência excessiva. Podem questionar você por erros na aplicação dos recursos, mas jamais questionarão para onde o dinheiro está indo.

Dito tudo isso, o próximo passo é encontrar o investidor certo e fazer um pitch matador!

CONHEÇA O PERFIL DO INVESTIDOR

Antes de iniciar a sua busca por investidores, é importante entender o perfil de investimento que você procura. Identifique investidores que tenham experiência no seu setor, compartilhem a sua visão de negócios e estejam alinhados com os valores da sua empresa.

Inclusive, participar de eventos e conferências do seu setor é uma excelente maneira de conhecer investidores em potencial e estabelecer relacionamentos sólidos. A escolha do investidor anda lado a lado com a fase do negócio e o tipo de envolvimento que você quer que ele tenha com a empresa. Alguns perfis são:

Investidor-anjo: investidores individuais que investem em empresas em estágios iniciais em troca de uma pequena participação. Os investidores-anjo geralmente têm experiência empreendedora e estão dispostos a assumir um alto risco em troca de um potencial retorno significativo. Além do dinheiro, eles compartilham conhecimento e mentoria, assim como já falamos.

Investidor de *venture capital*: empresas de *venture capital* buscam negócios que já tenham um pouco mais de histórico de resultado e validação. Os VCs geralmente investem quantias maiores do que os investidores-anjo e podem participar em várias rodadas de investimento.

Investidor de *private equity*: investidores de *private equity* são empresas ou fundos que investem em negócios estabelecidos que já têm um histórico comprovado de receita e lucro. Eles geralmente adquirem participações significativas na empresa e podem estar envolvidos na gestão e na operação do negócio.

Equity *crowdfunding*: é uma modalidade de captação de investimento coletivo. Existem plataformas especializadas em *equity* crowdfunding, então você une um grupo de pessoas que investem quantias diversas e, no lugar das recompensas tradicionais como em financiamentos coletivos, elas recebem cotas da empresa.

Investidor corporativo: trata-se de empresas estabelecidas que investem em startups ou empresas emergentes como parte de sua estratégia de inovação ou expansão de negócios. Os investidores corporativos podem fornecer financiamento, recursos e expertise em troca de oportunidades de colaboração ou acesso à tecnologia e talentos.

COMO VOCÊ VENDE O SEU NEGÓCIO DETERMINA O RESULTADO

É este o papel do pitch: convencer as pessoas de que você realmente tem um negócio com alto potencial. É um discurso conciso que destaca o valor único do seu negócio, as suas metas de crescimento e as expectativas de retorno do investimento. Você precisa ser claro e direto ao transmitir a sua proposta de valor.

Além disso, deve mostrar aos investidores o quanto você entende o mercado, conhece os seus concorrentes e possui uma estratégia sólida para enfrentar os desafios.

Um bom pitch deve transmitir a essência da sua ideia. É preciso ser capaz de explicar o que seu negócio faz, qual é o problema que resolve e qual é o seu valor único. Evite jargões complexos e se concentre em transmitir a mensagem de modo simples e compreensível.

Se estiver fazendo uma apresentação formal, utilize slides limpos, visualmente atraentes e com informações relevantes. Imagens impactantes, gráficos e números ajudam a ilustrar a sua história e a criar uma conexão emocional com a audiência. Exageros não são necessários, tenha ali só o essencial!

Outro ponto que sempre falo para os investidores é: quanto mais inspiradora for a sua narrativa, melhor. Contudo, os exemplos e os dados devem ser todos reais. Você precisa ser o primeiro a acreditar na sua visão de futuro, o primeiro a demonstrar entusiasmo.

Um dos erros mais comuns é o empreendedor fazer exatamente o mesmo pitch em todos os lugares. Você precisa adaptar o seu discurso para a audiência que tem à sua frente, tem que tentar se colocar no lugar daqueles potenciais investidores e destacar o que é relevante para eles. É por isso que, em todas as apresentações que fiz, sempre considerei necessidades, interesses e preocupações de quem estava me ouvindo para criar uma conexão personalizada.

Por último, uma orientação extremamente valiosa que posso deixar para você: no fim do seu pitch, deixe claro qual é o próximo passo. Pode ser um pedido de investimento, uma oportunidade de parceria ou uma solicitação para agendar uma reunião. Ter uma chamada à ação clara e direta ajuda a impulsionar o interesse e a ação dos potenciais investidores ou parceiros.

CAIXA DE FERRAMENTAS

Para um empreendedor que nunca fez um pitch antes, uma estrutura básica a seguir consiste em preparar sua apresentação em nove blocos. Explicarei cada um deles e quero que você tenha isso em mente quando estiver preparando a sua proposta.

1. Introdução: apresente-se brevemente, mencionando o seu nome e papel no negócio. Desperte o interesse da audiência com uma frase impactante ou uma pergunta relevante relacionada ao seu setor.

2. Problema: identifique o problema ou a necessidade que o seu produto ou serviço se propõe a resolver. Mostre que você entende o desafio enfrentado pelo seu público-alvo e a importância de resolver esse problema.

3. Solução: apresente a sua solução de maneira clara e concisa, destacando os principais benefícios e como a sua solução se diferencia das alternativas existentes. Este é o momento de falar sobre a sua essência e o seu valor único.

4. Modelo de negócio: explique como você pretende gerar receita com o seu negócio. Descreva o modelo de negócio que utiliza, incluindo fontes de receita, custos principais e estratégias de monetização.

5. Mercado e oportunidade: demonstre que existe um mercado viável e uma oportunidade de negócio. Apresente dados sobre o tamanho do mercado, tendências relevantes e o potencial de crescimento.

6. Tração e resultados: compartilhe informações sobre o progresso e conquistas do negócio até o momento. Destaque métricas importantes, como número de clientes, receita gerada ou parcerias estratégicas estabelecidas.

7. Equipe: apresente a equipe e as suas habilidades-chave, destacando por qual motivo ela é qualificada para executar o plano de negócios e alcançar o sucesso.

8. Plano de execução: descreva a estratégia de implementação e os próximos passos para o crescimento do negócio, com um cronograma ou marcos importantes que você planeja alcançar.

9. Chamada à ação: termine o pitch com uma chamada à ação clara e específica. Indique o que você espera do seu público-alvo, bem como o que espera dos investidores, parceiros ou potenciais clientes.

Separei um template de pitch que você possa usar para dar os seus primeiros passos. Esse foi o deck com o pitch que nos gerou 2,5 milhões de reais de investimento.

https://trakto.link/tracaoeresultado

Para acessar, basta apontar a câmera do seu celular para o QR code ou colocar o link em seu navegador.

Perceba que um bom pitch é resultado de prática, refinamento e aprendizado contínuo. Cada oportunidade de apresentação é uma chance de aprimorar as habilidades e ajustar a abordagem. Com dedicação, persistência e aperfeiçoamento, você pode se destacar com um pitch que causa impacto e abre portas para o crescimento do seu negócio.

COMO ABORDAR POTENCIAIS INVESTIDORES

Para se aproximar de investidores, você deve se aproximar do ecossistema. Ou seja:

- Busque eventos que promovam conexão com o mercado empreendedor;
- Inscreva-se em programas de aceleração e incubação;
- Analise cases do mercado que você acredita que têm semelhanças com a sua trajetória: como eles captaram investimentos? Quem foram os investidores?
- Busque fazer parte de comunidades focadas em empreendedores, como Endeavor, Sebrae, Distrito, entre outras.

Além disso, você pode tentar uma abordagem mais direta via e-mail ou redes sociais, como LinkedIn, já que muitos investidores colocam essa informação em seus canais e explicitam os tipos de negócio em que investem. Caso você siga com uma tentativa de conexão individualizada, é muito importante personalizar a sua mensagem para aumentar as suas chances de conseguir uma resposta. Veja alguns modelos de mensagens que separei para você se apresentar a potenciais investidores.

https://trakto.link/tracaoeresultado

Para acessar, basta apontar a câmera do seu celular para o QR code ou colocar o link em seu navegador.

Gente que disse vamo que vamo

Como um dos nossos primeiros investidores se transformou em membro do time

No próximo capítulo vamos falar sobre time e, como você viu, temos uma história incrível sobre um investidor cuja relação com a Trakto evoluiu para se tornar uma pessoa fundamental no time.

Agora você já sabe de quem estou falando, mas o nome dele é Luis Rodeguero, um dos primeiros a acreditar na visão que eu tinha para a Trakto. Ele assumiu a posição de CFO em 2024 e sempre foi um investidor ativo e parceiro ao longo de toda a jornada, mas esse aceite dele adicionou uma camada diferente para a nossa relação.

Na época, a Trakto havia chegado em um ponto da jornada que precisava seguir para o próximo nível, agora com a atuação mais focada no mercado B2B e em expansão internacional. Precisávamos de uma pessoa que tivesse experiências que ainda não possuíamos, e o Luis tinha exatamente o que buscávamos: era alguém que continuava acreditando no negócio, queria ser parte da construção, possuía o conhecimento técnico necessário para a posição, mas, principalmente, tinha valores alinhados aos nossos.

Somos a primeira plataforma integrada de *motion* design da América Latina, e desde 2019 já estávamos desenvolvendo aplicações com inteligência artificial. Essas tecnologias atraíram a atenção do mercado corporativo, e o Luis representa um momento importante em nossa jornada, com a experiência e a liderança essenciais para coordenar os nossos esforços de crescimento e fortalecer a nossa posição no mercado.

O convite para que ele assumisse a posição de CFO aconteceu ao longo dos anos. Um dia, falei brincando: "Rodeguero, assim que tiver dinheiro para pagar um salário para você, quero você como nosso CFO". Isso aconteceu há anos. Em 2023, contudo, conversei um pouco mais sério com ele sobre a necessidade de organizar o financeiro visando levantar a nossa rodada *series* A. Governança é o forte do Rodeguero, e ele topou o desafio.

Para mostrar um pouco da sua percepção desse processo, pedi que ele contasse a própria perspectiva da relação com a Trakto.

Para o infinito e além!

De Luis Rodeguero

Conheci o Paulo Tenorio em um almoço em São Paulo, em um restaurante na avenida Paulista. Estava lá também o cofounder Jorge Henrique Rocha e mais alguns candidatos a investidores-anjo. A aproximação veio por meio da Anjos do Brasil, em que ainda hoje está a Maria Rita Spina Bueno.

Dizem que 80% da análise de um investimento é a análise das pessoas. Neste caso, quase 100% da análise foi a confiança de que aqueles empreendedores queriam realmente colocar um negócio de pé. E foi logo depois que entrei na primeira rodada de investimento-anjo da Trakto.

Naquela época, investir em startups era muito menos estruturado do que é hoje em dia. Existiam aceleradoras e poucos ou nenhum VC. A evolução foi um aprendizado para todos os envolvidos. A definição do modelo de contrato e das regras de governança — mesmo que ninguém usasse esse termo na época — foram alguns dos aprendizados. Logo no início, combinamos uma reunião mensal do Paulo com os investidores e rapidamente percebemos que era demais, que não precisávamos dessa frequência e que ainda não existiam tantos indicadores relevantes para justificar o contato.

Em um estágio bem inicial, lembro-me de fazer a reunião e ajudar o Paulo a montar as planilhas de projeção ou cálculos financeiros. Naquela época, a Trakto tinha uns poucos metros quadrados e algumas cadeiras. Desde o início da nossa relação, eu afirmava que o meu plano era ficar por muito tempo na empresa.

Não era sempre que conseguíamos marcar uma conversa presencial, pois estava em São Paulo e a ponte São Paulo-Maceió é mais difícil. Em algumas dessas conversas, o Paulo dizia: "Luis, um dia vou conseguir te trazer como CFO da Trakto".

Depois de um tempo, com todos os desafios no caminho do empreendedor, foi criado o "conselhinho da Trakto", um conselho consultivo criado para discutir alguns temas sensíveis. No mesmo período, os encontros eventuais em São Paulo continuavam, as conversas evoluíam e a Trakto se desenvolvia para novos estágios. Começávamos a falar de captações de investimento com montantes mais relevantes. Agora, já temos quase uma década de boas histórias e lembranças de uma jornada de sucesso que foi – e ainda está – se construindo.

Quando chegou o momento de levantar um series A, *os desafios da empresa cresceram: era preciso reposicionar estrategicamente o negócio, focar o B2B, estruturar o crescimento, ampliar o uso de tecnologia e inteligência artificial, expandir para a América Latina e, em seguida, globalmente, fortalecendo parcerias e acelerando o desenvolvimento do time. A demanda por governança, controle financeiro e conhecimento das estruturas de investimento aumentou. Foi então que veio o convite para atuar como CFO.*

Dali em diante, estou falando sobre vida de startup, sobre entrar na jornada empreendedora e no ciclo de crescimento da empresa. Poucas pessoas para realizar muito. Fico feliz de estar ao lado de um time de guerreiros e guerreiras lutando por um objetivo. E o Paulo Tenorio tem um papel fundamental na jornada. Sempre foi visionário, um modelo racional do que precisa ser o caminho. Sempre com a energia altíssima, motivando o time mesmo nas travessias mais difíceis.

Fazer parte dessa parceria é um trabalho gratificante, uma experiência fantástica, com o sentimento de estar ajudando a construir algo grande. Por isso, vamos juntos e vamos em frente!

Para fecharmos esta parte, quero que você perceba que a relação empreendedor-investidor é cheia de desafios, mas também pode ser uma parceria incrível. Investidores podem se transformar em sócios, assim como você viu, e podem facilitar a jornada para ter crescimento. Com toda a certeza, é algo que vale considerar em seu caminho!

CAPÍTULO 12

MONTE UM TIME COMO SE FOSSE UM ARTESÃO DA ILHA DO FERRO

O principal papel do CEO e do fundador é, antes de vender para os clientes, vender a empresa para os futuros funcionários. Tenho dez anos de experiência montando equipes, mas há mais de vinte anos trabalho como parte de equipes. Então estou dizendo isso porque acredito que um bom líder precisa ter sido liderado algum dia. São raras as exceções de líderes que nunca tiveram um chefe e terão as ferramentas e o contexto para ser um bom líder.

Se você não conhece, a Ilha do Ferro fica em Alagoas. Artesãos encontram galhos e troncos de árvores que, aos olhos da maioria, são apenas isso, galhos. Mas eles se transformam em arte. Vão se moldando a partir de um potencial que só o artista consegue enxergar. Na Trakto, faço isso com todos os que cruzam o meu caminho. Se encontrar o galho certo, pode transformá-lo em uma obra de arte. Assim funciona com as pessoas. Não há nada mais recompensador do que ver um profissional crescer e se transformar em um ser humano completo na sua empresa. Mas você pode perguntar: "E se ele/ela sair da empresa?". Ótimo. Desejo que tenha uma carreira de sucesso. Isso faz parte do processo, o que vale é o engrandecimento da jornada.

Mas, se por um lado escolher o galho certo pode ser a chance de uma obra-prima, escolher o galho errado pode virar um quadro feio. Às vezes, isso acontece porque você pintou errado, cortou uma ponta a mais, o material não era bom o suficiente ou não conseguiu o efeito que gostaria. E então o que era para ser arte vira um objeto disforme com só um caminho possível: partir para o próximo galho. Acredite, já fiz muita escolha errada e muitas obras esquisitas, mas estava sempre tentando fazer o quadro perfeito.

Passando a nossa analogia agora para o universo das pessoas, quero deixar três casos da Trakto que são exemplos de obras de arte que saíram desse processo.

- **Marina Barros** hoje é chief operating officer (COO), ou diretora de operações da Trakto. Chegou à empresa para ajudar no financeiro e, logo no início, cometeu um erro que custou algumas centenas de milhares de reais. Chorou, e muita gente pediu a cabeça dela. Mas nunca esqueci do seu olhar naquele dia. Confiei nela. Marina corre vaquejada, esporte em que dois vaqueiros montados a cavalo têm que derrubar um boi, puxando-o pelo rabo. É engenheira, estava com um filho pequeno e muita vontade de dar certo. Ela é um ser humano raro: gosta de fazenda e trabalha com tecnologia. Depois do erro, começamos a trabalhar mais próximos. Eu sabia que ela poderia crescer e se recuperar do erro. Hoje é o meu braço direito, continua evoluindo e tem minha total confiança.

- **Magda Pereira**, nossa product owner (PO), é responsável pelo desenvolvimento do produto. É bailarina, formada em Letras. Chegou para atuar no time de atendimento, mas sempre ficou incomodada com processos errados e pedidos de funcionalidades que não saiam do jeito planejado. Magda fala inglês fluentemente, é super organizada e dedicada, enfrentou muitas fases comigo e aposto nela diariamente. Sua capacidade de evolução é incrível. Ela não era da área de tecnologia, porém conhece as dores do cliente como ninguém. Ao longo da jornada, foi se educando na área. Hoje, negocia com desenvolvedores, conversa comigo e outros *stakeholders* do produto, planeja entregas e direciona a experiência do usuário (UX, *user experience*) do produto junto comigo. E quem já passou no produto comigo sabe o quanto eu cobro. No nosso caso, ela me cobra.

- **César Oliveira**, responsável pela área de desenvolvimento de negócios (BizDev), é um ser humano maravilhoso. Negro, gay e nordestino. O combo completo para o oposto do que o Brasil aponta como ideal. César tem uma autoestima contagiante. É inteligentíssimo e dedicado. Começou como atendimento e hoje lidera negociações complexas e conhece a Trakto como ninguém. César passou por várias áreas, inclusive como produtor de eventos no Trakto Show. Um dia, foi para o atendimento depois de me dizer: "Paulo, gosto muito de pessoas". Comunica-se em inglês, é sagaz para descobrir oportunidades e sei que, o que eu delegar, anda. Ah, e é fã da Madonna!

Poderia trazer centenas de histórias de pessoas que fazem a Trakto acontecer. Mas o César, a Magda e a Marina, para mim, são exemplos de que eu não sou um líder melhor porque os contratei. Sou um líder melhor porque eles decidem ficar na empresa, porque aprendo com eles e porque crescemos juntos. E mesmo que em algum momento eles escolham seguir outros desafios e oportunidades para a sua carreira, o legado deles na Trakto e na minha vida como líder será permanente.

Tem uma frase que me incomoda muito: "Construa o seu sonho, senão alguém vai lhe contratar para construir o dele". Essa ideia me incomoda profundamente porque é de uma ignorância sem tamanho. Imagine dizer isso publicamente e ter os seus colaboradores sabendo que é isso o que o seu líder pensa, que ele acredita que quando você é um profissional contratado por empreendedor, está abrindo mão dos próprios projetos para realizar o de outra pessoa. Para mim, não faz sentido. Todos nós trabalhamos pelos próprios sonhos, e ao fazermos parte de uma empresa, buscamos nela um lugar que nos ajude a chegar aonde queremos, a conquistar o que esperamos para nós mesmos e nossa família.

O meu primeiro emprego foi aos 16 anos. A minha primeira carteira assinada como CLT foi aos 18. Nesse percurso, tenho muito orgulho dos dez anos que trabalhei para outras pessoas. Fui empregado, CLT e freelancer. Fui um bom funcionário, mas também fui demitido duas vezes. A primeira, trabalhando pela ID5, em Maceió, aconteceu no ano de 2000. Doeu na alma. Porque escutei que não era designer. Eu era muito imaturo. E não era bom tecnicamente. Depois, em um segundo momento, fui demitido anos depois, em São Paulo, na BlackMaria. Lá foi apenas uma demissão. Não estava sendo um bom ambiente, eu não me sentia motivado e já esperava esse desfecho.

Essas situações serviram muito como aprendizado para mim. Foram experiências que me ajudaram a evoluir profissionalmente. Na minha primeira demissão, eu me dediquei ao meu trabalho e melhorei muito. Tanto que, um ano depois, estava abrindo o meu próprio estúdio de design. Depois, quando fui demitido da BlackMaria, recebi um convite para ir trabalhar nos Estados Unidos.

O fato de as experiências passadas não terem funcionado não significava que eu não poderia ter um desempenho incrível em outros lugares, exercendo outros papéis. Mesmo naquela época eu já sabia disso. A demissão é só o fim de um ciclo. E se você nunca passou por isso na sua vida, dificilmente conseguirá demitir bem uma pessoa.

Trouxe esse tópico logo nas primeiras páginas deste capítulo porque é uma das habilidades imprescindíveis de um líder: *é preciso ter coragem para demitir como você gostaria de ser demitido*. Na mesma proporção, existe outra lógica que é verdadeira: devemos procurar com dedicação pessoas talentosas para estar ao nosso lado se queremos um ambiente de colaboração, ajuda mútua e construção de resultados.

Trabalhei com profissionais incrivelmente talentosos e percebi que os melhores times dos quais fiz parte tinham algumas características específicas. São elas:

- Têm paixão pelo trabalho que fazem;
- Estão sempre insatisfeitos com o próprio desempenho;
- Gostam de ensinar;
- Possuem uma presença leve;
- São admirados por outros;
- Dominam muito o seu ofício;
- Quando líderes, são muito coerentes.

São essas as características que sempre quis aprender. Você só aprende quando está sendo empregado. É impossível conhecer um time de verdade até ter passado pelo chão de fábrica. E montar um bom time é um processo de extremo cuidado.

TRAÇÃO E RESULTADO

Assim como o artesão da Ilha do Ferro, um time de excelência requer uma combinação precisa de elementos essenciais, cuidadosamente selecionados e trabalhados em conjunto para alcançar resultados excepcionais. Da mesma forma que os mestres começam com galhos brutos, mas com potencial, os líderes precisam reunir indivíduos talentosos, com habilidades complementares e uma visão compartilhada para formar um time coeso e eficaz.

O empreendedor, sozinho, não constrói nada. O time certo, engajado e alinhado ao propósito do negócio é o que permite que os resultados se concretizem. Essa é uma das razões pelas quais os investidores, inclusive, colocam um baita peso da sua decisão ancorado no time que se propõe a construir aquele projeto para o qual estão captando recursos.

A primeira pessoa que comprou a ideia da Trakto foi o Jorge, como já contei anteriormente. Compartilhei a visão que tinha para o negócio que poderíamos construir juntos e, por fazer sentido para ele também, chegamos até aqui. A questão não era quanto dinheiro iríamos ganhar, mas sim como construiríamos um produto incrível. Enxergava nele uma pessoa com toda capacidade de executar esse projeto ao meu lado.

O mesmo propósito que fez o Jorge vir, é o que uso hoje com todas as pessoas que estão passando por processos seletivos conosco. É uma visão de ambiente de trabalho que vem das reflexões que eu mesmo fiz quando ainda não empreendia. No meu caso, escolheria um trabalho em que me sentisse bem, não me importunassem o tempo todo com o horário, não me tratassem como mero empregado e, sim, como um parceiro que está ali com um salário, mas tem importância para o negócio. Mas, principalmente, em que não tivesse um chefe chato que enxergasse as pessoas como máquinas de fazer dinheiro em vez de seres humanos.

Defendo que os empresários e empreendedores estabeleçam uma relação com os seus colaboradores pautada em *pessoas que trabalham comigo* e não *pessoas que trabalham para mim*. Essa mudança faz entender que todo mundo tem os próprios objetivos quando se junta a uma empresa, independentemente do seu papel e cargo. Enquanto queremos que todos desempenhem as suas funções com dedicação, profissionalismo e qualidade, é responsabilidade de quem contrata oferecer um ambiente adequado para que os profissionais consigam trabalhar. O ambiente precisa ser propício para o desenvolvimento intelectual na mesma medida em que o objetivo não seja *produzir mais*, e sim *produzir melhor*.

Não acredito em relações que esperam que o colaborador viva para o trabalho. Acredito em alinhamento cultural, clareza de que a experiência de cada indivíduo contribui para os objetivos da organização e, justamente por isso, a empresa deve respeitar os profissionais que a fazem existir. Com transparência, verdade e respeito aos limites, os vínculos se tornam longevos. Encontrar as pessoas certas não é algo fácil, então, se as encontrou, valorize-as.

CONSTRUIR UM TIME DE ALTA PERFORMANCE

Time é um grupo de pessoas com objetivos e papéis muito bem-definidos. Na minha experiência, há dois fatores-chave que servem para guiar essa construção:

1º fator: alinhamento de cultura;
2º fator: espírito de aprendiz.

Quanto mais alinhadas as pessoas do time estiverem em termos de comportamentos e valores, melhor será a integração delas. Sobretudo no contexto atual, ter espírito de aprendiz, independentemente de quantos anos de bagagem cada colaborador traz, é essencial. Porque o negócio vai se transformar – e muito – ao longo do tempo. As necessidades e oportunidades do mercado vão evoluindo e todos nós, como profissionais, precisamos nos adaptar a elas para a empresa não morrer.

Então, especialmente para quem está dando os primeiros passos da empresa, cuidar desse processo como um artesão da Ilha do Ferro faz diferença e é um marco importante na jornada empreendedora.

As primeiras pessoas que você contrata são aquelas que irão ajudar a construir o negócio e contribuir para o seu crescimento. Mas, antes de iniciar o processo de contratação, você precisa identificar claramente as habilidades e experiências de que precisa na sua equipe.

Depois da chegada do Jorge, nós sabíamos que o foco era ter outro programador na equipe. O primeiro foi o Diego Lopes, que começou como freelancer. Depois vieram o Yuri Pessa e a Verônica Aguiar, ambos designers.

No começo da empresa, você ainda tem recursos financeiros muito limitados, então precisa encontrar pessoas que entendam a realidade do negócio e estejam dispostas a fazer essa construção ao seu lado pensando que todos podem crescer juntos – algo que deve se concretizar na prática conforme o negócio evoluir.

E uma coisa muito importante que entendi nesses anos todos é: não devemos contratar olhando apenas o que o profissional conquistou e desenvolveu até o momento em que acontece o primeiro encontro de vocês. A contratação mira o futuro, o potencial dessa pessoa de também se desenvolver em frentes que você, como líder, acredita que terão um impacto relevante para a organização.

Um time de alta performance é um time em que há confiança entre os membros. Eu confio que o time será capaz de entregar o que a empresa precisa, e o time deve confiar em mim, como líder, para tomar as decisões necessárias.

É por isso que defendo tanto que precisamos ser transparentes sobre a visão, os objetivos e os desafios da empresa. É preciso dar espaço para uma comunicação aberta, incentivando a participação ativa dos funcionários no desenvolvimento do negócio. Isso cria um ambiente de segurança para todos se expressarem e de engajamento genuíno.

A contratação deve acontecer quando você tem clareza do papel de cada colaborador e quais são as habilidades e competências para esse papel ser desempenhado. Além disso, para que você possa fazer uma seleção adequada, é importante que esse processo seja feito de maneira estruturada. Do contrário, você pode tirar conclusões enviesadas porque cada entrevista aconteceu de uma maneira.

Hoje, na Trakto, nós temos o seguinte processo:

- Temos um departamento de Gente e Gestão. À frente está a Marina Torres, que cuida de toda a parte operacional do processo seletivo, realiza os filtros, traz os candidatos certos e faz a primeira triagem cultural;

- Depois dessa triagem, eu participo de vagas estratégicas no primeiro papo, no qual passo a visão da empresa e o nosso porquê;
- Na terceira fase, o time técnico faz entrevistas, geralmente com trinta minutos de papo;
- Por último, coletamos todos os feedbacks e alinhamos para saber se é a pessoa certa.

Incrivelmente, a cultura da empresa e a do funcionário pesam e muito. Você pode ter uma pessoa muito boa tecnicamente, mas totalmente divergente na forma de trabalhar e se relacionar com os colegas. Por isso, separei um momento para falarmos sobre esse conceito.

ALGUMAS CARACTERÍSTICAS PARA PRESTAR ATENÇÃO EM PROCESSOS SELETIVOS

Ao recrutar novos colaboradores, é importante estar ciente de que algumas características podem enganar e levar a decisões equivocadas. Infelizmente, é verdade que algumas pessoas podem mentir durante o processo seletivo, especialmente quando estão buscando um emprego.

Uma das características que enganam com mais frequência é a habilidade de se comunicar e se expressar. Alguns candidatos podem ser extremamente eloquentes e persuasivos, mas isso nem sempre significa que eles possuam as competências técnicas necessárias para o cargo. É fundamental olhar além da aparência superficial e avaliar cuidadosamente as habilidades e experiências reais do candidato.

Outra característica que pode enganar é a autoconfiança excessiva. Algumas pessoas podem apresentar um grande nível de confiança em si mesmas durante a entrevista, mas é preciso investigar se essa confiança é fundamentada em conquistas reais e habilidades comprovadas. Pessoas com excesso de confiança podem prometer mais do que podem cumprir, o que pode prejudicar o desempenho e a harmonia da equipe.

Além disso, é importante estar atento a inconsistências nas informações fornecidas pelos candidatos. Isso inclui discrepâncias em datas de empregos anteriores, lacunas inexplicáveis no currículo ou respostas evasivas a perguntas específicas.

No entanto, é importante ressaltar que nem todos os candidatos mentem ou tentam enganar durante o processo seletivo. A maioria dos profissionais é honesta e está em busca de oportunidades genuínas. É responsabilidade do empreendedor adotar uma abordagem cuidadosa, conduzindo entrevistas detalhadas e fazendo as perguntas certas para avaliar as competências e a adequação cultural dos candidatos.

Desse modo, utilize técnicas de entrevista comportamental, que consistem em fazer perguntas sobre situações reais que o candidato enfrentou no passado. Essas perguntas ajudam a avaliar como o candidato lidou com os desafios, trabalhou em equipe e resolveu problemas, proporcionando uma visão mais realista de suas habilidades e comportamentos.

Outra estratégia eficaz é envolver outros membros da equipe no processo de seleção, como nós fazemos na Trakto, permitindo que diferentes perspectivas e impressões sejam consideradas. Além disso, contar com a ajuda de um profissional experiente de recursos humanos pode ser uma vantagem, já que eles têm expertise em identificar possíveis sinais de mentira ou inconsistências nos candidatos.

CAIXA DE FERRAMENTAS

Da busca por candidatos à entrevista

Depois que você mapeou as funções para as quais precisa trazer novos membros para o time, é hora de usar os diversos canais existentes para atrair talentos.

O primeiro deles é o próprio networking, que pode começar com um movimento inclusive com os colaboradores atuais da empresa. Além dessas pessoas, conecte-se com outros profissionais da sua rede de contatos dentro do seu nicho e participe de eventos e grupos relacionados ao seu setor de atuação. Esteja aberto para conversar com pessoas e identificar aquelas que podem se encaixar na cultura e nas necessidades da sua empresa.

Em seguida, utilize diferentes canais para divulgar as vagas disponíveis, como sites especializados, redes sociais e grupos profissionais. Descreva claramente as responsabilidades do cargo, os requisitos e as qualificações necessárias. Além disso, destaque os valores e a missão da empresa, pois isso pode atrair candidatos alinhados com a cultura organizacional.

Ao estruturar a sua vaga, existem alguns pontos importantes:

1. Comece apresentando a empresa e qual é o propósito do negócio;

2. Estabeleça qual é o objetivo do processo seletivo, qual será o foco de atuação desse profissional;

3. Determine quais serão as responsabilidades do profissional no dia a dia;

4. Elenque os requisitos que esse profissional deve ter na bagagem para desempenhar bem esse papel;

5. Apresente qualidades comportamentais que vocês valorizam na empresa;

6. Indique como será a rotina do profissional na empresa: regime de trabalho; se presencial, híbrido ou remoto etc.

Hora de entrevistar

As entrevistas são oportunidades para avaliar se os candidatos estão alinhados com a visão e a cultura da empresa. É importante fazer perguntas que permitam conhecer melhor o candidato e identificar se ele possui as habilidades e a mentalidade necessárias para se adaptar ao seu negócio.

Durante as entrevistas, gosto de fazer perguntas que vão além das habilidades técnicas e acadêmicas, buscando entender a personalidade e a forma de trabalhar do candidato. Aqui estão alguns exemplos de perguntas que costumo utilizar:

1. Descreva uma situação desafiadora que você enfrentou no trabalho anterior e como lidou com ela. Essa reflexão permite avaliar a capacidade do candidato de enfrentar dificuldades e encontrar soluções criativas para os problemas;

2. Como você lida com mudanças e ambiguidades? Em um ambiente empreendedor, as coisas podem mudar rapidamente e nem sempre existe uma resposta clara para todos os problemas. É importante

176 TRAÇÃO E RESULTADO

avaliar se o candidato possui flexibilidade e adaptabilidade para lidar com essas situações;

3. Como você lida com o estresse e a pressão no trabalho? Entender como o candidato gerencia o estresse pode ser importante em um ambiente de startup, em que a pressão é comum. É interessante saber se ele possui estratégias saudáveis para lidar com essas situações;

4. Qual é a sua abordagem para trabalhar em equipe? A colaboração é fundamental em um ambiente de startup. Procuro identificar se o candidato tem habilidades de comunicação, capacidade de trabalhar em equipe e de construir relacionamentos positivos;

5. Quais são os seus principais valores e como você os aplica no trabalho? Entender os valores do candidato ajuda a avaliar se ele está alinhado com a cultura da empresa e se os seus princípios éticos estão em sintonia com os da organização;

6. Como você se mantém atualizado em sua área de atuação? Quais são as suas fontes de aprendizado? Essa pergunta permite avaliar o comprometimento do candidato com o aprendizado contínuo e a sua busca por desenvolvimento profissional;

7. Como você lida com feedback construtivo? Em um ambiente de crescimento acelerado, é importante que os funcionários estejam abertos ao aprendizado e dispostos a receber feedback para melhorar o seu desempenho. Essa pergunta ajuda a avaliar a capacidade do candidato de lidar com críticas de modo construtivo;

8. Quais são as suas ambições de carreira e como você enxerga a sua contribuição para o crescimento da empresa? É importante encontrar candidatos que estejam motivados a crescer e se desenvolver profissionalmente, além de estarem dispostos a contribuir para o sucesso da empresa;

9. Além do trabalho, quais são os seus hobbies ou paixões? Como você gosta de passar o tempo livre? Essa pergunta ajuda a entender as atividades que o candidato valoriza fora do ambiente de trabalho e pode revelar aspectos interessantes de sua personalidade.

O objetivo das entrevistas é conhecer melhor o candidato, entender a sua maneira de pensar e analisar se ele se encaixa nos valores e nas necessidades do negócio.

Além das perguntas, é importante estar atento à linguagem corporal, à postura e à energia do candidato durante a entrevista. Esses aspectos também podem fornecer insights valiosos sobre a personalidade e adequação dele ao ambiente de trabalho.

No fim das entrevistas, confie em sua intuição e avalie todos os aspectos que você considera importantes para a cultura e o sucesso do seu negócio. Lembre-se de que a construção de uma equipe forte e coesa é essencial para o crescimento e a realização dos objetivos da empresa.

O papel do líder na entrevista: conquistar confiança

Conquistar a confiança de um candidato durante a entrevista é essencial para atrair talentos que se alinhem com os valores e objetivos da empresa. Como empreendedor, aprendi que a transparência é a chave para estabelecer essa confiança desde o início.

Durante a entrevista, faço questão de ser transparente sobre os desafios que enfrentamos como empresa. Compartilho abertamente as metas e os obstáculos que estamos enfrentando, pois acredito que é importante que eles tenham uma visão realista do ambiente de trabalho e das expectativas do cargo, inclusive salário e o que você espera da pessoa que ocupará a posição para a qual está recrutando.

Ao falar sobre os desafios, também destaco os valores pessoais e da empresa. Explico como esses valores se refletem na cultura e na forma como trabalhamos juntos. Essa transparência ajuda os candidatos a entenderem se esses valores estão alinhados com os seus próprios e se eles se sentirão motivados e engajados no ambiente de trabalho.

Além disso, procuro ser autêntico e genuíno durante a entrevista. Compartilho a minha paixão pelo negócio e a minha visão para o futuro, transmitindo aos candidatos a confiança de que estou comprometido e motivado a alcançar os objetivos da empresa.

Outra maneira de conquistar a confiança é permitir que os candidatos façam perguntas abertas sobre a companhia, o cargo e o ambiente de trabalho. Encorajo-os a serem curiosos e a explorar as suas preocupações e interesses. Respondo a essas perguntas de maneira honesta e completa, garantindo que eles tenham todas as informações necessárias para tomar uma decisão informada.

Com esses conceitos, agora você está mais preparado para conduzir um processo seletivo e contratar alguém com clareza e transparência e buscando sempre crescimento para o negócio.

ÀS VEZES, A CONTRATAÇÃO NÃO EVOLUI COMO ESPERADO

Infelizmente, há situações em que a relação com o candidato não funciona, e chega o momento da decisão mais difícil para qualquer líder: encerrar um contrato.

Quando estamos construindo uma empresa, é natural que cometamos erros de contratação. Às vezes, nos deixamos levar por um currículo impressionante ou por uma ótima entrevista, sem realmente avaliar se o candidato se encaixa na cultura e nos valores da empresa. É uma armadilha comum na qual muitos empreendedores caem.

Na Trakto, tivemos um caso em que contratamos uma pessoa para um cargo importante na equipe de desenvolvimento. No início, parecia a escolha certa, mas, com o tempo, percebemos que as habilidades e os valores dessa pessoa não se alinhavam com os nossos. Isso afetava negativamente o desempenho da equipe e o progresso do negócio como um todo. Nesse caso, demorar para demitir foi um erro que custou caro. Nossa equipe estava desmotivada, a comunicação ficou comprometida e os resultados começaram a sofrer. Foi um período difícil e desafiador para todos nós.

No entanto, uma vez que percebemos que precisávamos agir rapidamente, fizemos isso imediatamente e o clima mudou. Demitir essa pessoa foi uma decisão difícil, mas necessária para preservar o ambiente de trabalho saudável e garantir o sucesso contínuo da empresa.

Após essa experiência, aprendi a importância de reconhecer rapidamente quando uma contratação não está funcionando e agir de maneira proativa. Desligar alguém pode ser difícil, especialmente quando se trata de um membro da equipe, mas adiar essa decisão só prolonga os problemas e pode afetar negativamente o moral e o desempenho geral da equipe.

MONTE UM TIME COMO SE FOSSE UM ARTESÃO DA ILHA DO FERRO **179**

Como empreendedor, é essencial ser ágil na tomada de decisões relacionadas à equipe. Às vezes, é melhor admitir que cometemos um erro de contratação e corrigi-lo o mais rápido possível. Isso permite que a empresa siga em frente, com uma equipe alinhada, motivada e capaz de alcançar os objetivos.

Portanto, aprendi que contratar corretamente é importante, mas demitir quando necessário é igualmente crucial para o crescimento e o sucesso de um negócio. Aprendi a não ter medo de tomar decisões difíceis e a valorizar a saúde e a harmonia da equipe acima de tudo.

Assim como a contratação deve ser cuidadosa, a demissão também. E você deve também ter um processo que estruture o fechamento de um ciclo para que ele também seja uma oportunidade de aprendizado para você e para o profissional. Acredito que precisamos ter alguns elementos antes de tomarmos a decisão de encerrar o contrato de trabalho com alguém. São eles:

- Certifique-se de que a pessoa recebeu feedbacks consistentes ao longo da experiência, com clareza do que não estava funcionando em termos de execução e comportamento;
- A decisão que está sendo tomada precisa ser feita de maneira objetiva, considerando os diferentes ângulos que tal decisão impactará;
- Tenha certeza de que não há nenhuma alternativa para que essa pessoa continue na equipe, por exemplo, migrando para outra função ou área da empresa.

Bora fazer dar certo

Um exercício interessante que você pode fazer nesta etapa é desenhar uma persona do profissional que deseja trazer para o seu time. O objetivo aqui é definir claramente o perfil que está buscando com base nas necessidades da equipe e nos requisitos do cargo.

Reflita:

1. Quais são as necessidades da equipe? Ou seja, quais são as habilidades de que o time mais precisa neste momento;

2. Quais são os requisitos para o cargo? Aqui, é interessante organizar os requisitos em duas categorias: essenciais e desejáveis. Este segundo são pontos interessantes, mas que não determinam a contratação;

3. Como este novo membro vai se integrar à equipe? Nós queremos um time diverso, complementar e cujas funções tenham o melhor fluxo possível. Portanto, não analise a vaga isoladamente, mas sempre considerando uma visão ampla da companhia. Inclusive, pode ser bom mapear os perfis que ainda são minoritários na empresa;

4. Envolva os membros atuais na análise do perfil que você desenhou. As melhores pessoas para contribuir com o alinhamento do escopo da vaga são aquelas que trabalharão no dia a dia com esse novo profissional. Envolvê-las torna o processo ainda mais colaborativo e é uma maneira de trazer corresponsabilidade para o time.

Diversidade

A diversidade em um negócio é mais do que uma simples questão de inclusão e representatividade. É uma poderosa fonte de inovação, criatividade e resiliência. Empresas que promovem a diversidade em suas equipes se beneficiam de perspectivas diferentes, experiências variadas e uma ampla gama de habilidades, o que contribui para um ambiente de trabalho mais rico e dinâmico.

Ao reunir pessoas com origens, experiências e habilidades diversas, as empresas são capazes de pensar de maneiras diferentes, encontrar soluções mais criativas e tomar decisões mais informadas. A diversidade traz uma multiplicidade de ideias e abordagens, permitindo que a empresa se adapte às mudanças do mercado e encontre novas oportunidades de negócio.

Além disso, a diversidade promove a inclusão e a igualdade de oportunidades, garantindo que todos os colaboradores tenham voz e se sintam valorizados. Isso cria um ambiente de trabalho mais justo e empoderador, em que todos têm a chance de contribuir e prosperar.

Os benefícios da diversidade vão além do ambiente interno da empresa. Empresas diversificadas são mais atrativas para clientes e parceiros, pois demonstram um compromisso com a igualdade e a justiça social. A diversidade também é um fator importante para a reputação e a marca da empresa, ajudando-a a se destacar em um mercado cada vez mais consciente e exigente.

No entanto, promover a diversidade em um negócio vai além de simplesmente contratar pessoas de diferentes origens e culturas. É necessário criar uma cultura inclusiva, em que todas as vozes sejam ouvidas e respeitadas, e as oportunidades sejam oferecidas de maneira equitativa. Isso requer políticas e práticas de recrutamento e seleção imparciais, programas de treinamento e desenvolvimento que promovam a diversidade e a igualdade, e uma liderança comprometida em promover uma cultura inclusiva.

Por exemplo, na Trakto a maioria dos líderes é mulher. Temos uma equipe multirracial, com orientações sexuais diversas, experiências de vida múltiplas... Mas nunca contratamos pensando exatamente nisso. O ambiente é o que atrai, justamente por nossa meta, desde o começo da empresa, de criar algo com a cara real do Brasil. E se você olhar uma foto da equipe da Trakto, verá o Brasil fora das telas, representado.

CAPÍTULO 13

CULTURA NA PRÁTICA

A cultura de uma empresa desempenha um papel fundamental no resultado. Ela representa os valores, as crenças, os comportamentos e as práticas compartilhadas por todos os membros do time, moldando a maneira como as coisas são feitas e como as pessoas interagem.

Uma cultura forte e positiva cria um ambiente de trabalho saudável, motivador e engajador, no qual os funcionários se sentem valorizados, respeitados e estimulados a darem o seu melhor. Isso leva a um aumento da produtividade, da criatividade e da inovação.

Além disso, também contribui para a retenção de talentos. Funcionários que se identificam com os valores e propósitos da empresa tendem a estar mais satisfeitos e comprometidos, reduzindo a rotatividade e os custos associados a contratação e treinamento de novos colaboradores, ainda mais se você promove o desenvolvimento profissional e oferece oportunidades de crescimento, incentivando a progressão de carreira e o engajamento a longo prazo.

Por outro lado, uma cultura negativa pode ter um impacto devastador. Ambientes de trabalho tóxicos, em que o respeito e a colaboração são escassos, levam à insatisfação, ao baixo desempenho e à falta de comprometimento. Isso vai bater direto na queda da produtividade, da qualidade do trabalho e, consequentemente, dos resultados financeiros.

Sem falar na reputação da empresa. Funcionários insatisfeitos e infelizes podem transmitir essa insatisfação para clientes, fornecedores e parceiros de negócio, comprometendo a sua imagem e credibilidade. Por outro lado, uma cultura positiva e saudável gera uma percepção positiva no mercado, fortalece a marca e atrai clientes e investidores.

Mas se a cultura é tão importante, por que a gente ainda encontra ambientes tão ruins? Bom, para começar, os líderes devem ser os principais agentes de mudança. Eles devem agir como exemplos de comportamentos e valores desejados e promover a transparência, a comunicação aberta e o trabalho em equipe. Além disso, é importante envolver os funcionários no processo, buscando feedback, incentivando a colaboração e reconhecendo as contribuições individuais.

É importante dizer que a cultura não é algo que se constrói da noite para o dia. Ela é um processo contínuo de construção e manutenção, que exige um esforço constante por parte de todos. Investir na cultura significa investir no bem-estar das pessoas que trabalham com você (lembra-se disso, né?), na satisfação dos clientes e no sucesso a longo prazo da empresa.

A CULTURA REFLETE OS NOSSOS PRINCÍPIOS E DIRECIONA AS NOSSAS AÇÕES

Definir a cultura de um negócio é um processo fundamental para estabelecer a identidade e os valores que guiarão todas as atividades e decisões da empresa. Na Trakto, entendemos a importância dessa etapa e buscamos construir uma cultura forte e coesa.

O primeiro passo para definir a cultura da Trakto foi identificar os nossos valores fundamentais. Fizemos várias sessões de brainstorming e discussões internas para compreender o que é mais importante para nós como equipe e organização. *Valorizamos a criatividade, a inovação, o trabalho em equipe, a transparência e a excelência em tudo o que fazemos.*

Além disso, a cultura da Trakto também é moldada pela *nossa missão de democratizar o design e simplificar o processo de criação para empreendedores.* Essa missão nos motiva e guia as nossas ações diárias. Buscamos constantemente maneiras de melhorar a vida dos nossos clientes e ajudá-los a alcançar o sucesso.

Uma vez que definimos os nossos valores e missão, é importante comunicá-los de forma clara e consistente para toda a equipe. Realizamos reuniões regulares, em que compartilhamos os valores da empresa e discutimos como podemos incorporá-los em nosso trabalho diário. Também incentivamos a participação ativa dos funcionários na definição da cultura, buscando feedback e ideias para melhorar continuamente.

A cultura da Trakto se reflete em nossas práticas de trabalho, como a colaboração entre os membros da equipe, a valorização da diversidade e o incentivo à criatividade. Além disso, ela é evidenciada em nossas ações externas. Valorizamos o relacionamento com os nossos clientes, fornecedores e parceiros de negócio, buscando construir parcerias duradouras e baseadas na confiança. Também incentivamos o envolvimento com a comunidade e a responsabilidade social, participando de projetos e iniciativas que impactam positivamente a sociedade.

Definir e cultivar a cultura do negócio é um processo contínuo. Estamos sempre atentos às mudanças do mercado e às necessidades da nossa equipe e dos nossos clientes, ajustando a cultura conforme necessário. Acreditamos que uma cultura forte e alinhada aos nossos valores é um diferencial competitivo e contribui para o sucesso e o crescimento da empresa.

Por fim, vejo que uma cultura positiva é construída a partir do exemplo e da liderança eficaz. Então os líderes são os principais responsáveis por promover e manter uma cultura de respeito, transparência e confiança. Sei que essa dinâmica começa comigo. Depois, ela seguirá para os colaboradores. Tenha essa clareza sempre!

Discurso e prática andam juntos

É óbvio: não basta apenas falar sobre valores, princípios e objetivos, é necessário agir de acordo com essas palavras no dia a dia do negócio.

A Trakto não foi o ambiente ideal para todo mundo. Tivemos funcionários que tiveram péssimas experiências, inclusive comigo mesmo. Os feedbacks variavam entre egocêntrico e tóxico. É difícil, mas quero contar que todos tinham um pouco de verdade. Saber enfrentar os feedbacks negativos faz você aprender e se tornar um líder melhor.

Para saber sobre essas percepções dos colaboradores, temos uma ferramenta chamada Pesquisa de Clima Organizacional (PCO). Rodamos várias na Trakto e descobri muita coisa diferente do que eu pensava. Fizemos ajustes ao longo do tempo. Mas uma startup em sua fase inicial é insalubre para quem busca um lugar tranquilo. É guerra todo dia. É luta pela sobrevivência. *E na guerra não dá para parar e dizer: "Olha que tiro lindo você deu. Você parece cansado, sente--se um pouco". Na guerra, o que vemos é: "Atira, car@l#o!".*

Digo isso sem pudor nenhum. Agora, também digo que quem passa por isso vira outro tipo de profissional. Você cresce em um ano o que demoraria dez anos de carreira em uma corporação que só quer o seu crescimento a conta-gotas.

É necessário ter inteligência emocional para saber viver uma jornada assim. A cultura de startup é viva, vai mudando e evoluindo com o tempo. E agradeço muito a Marina Torres, líder de gente e gestão, que me ensinou tanto sobre a importância dos processos de escuta e, principalmente, a integrar a cultura da Trakto e sair do discurso para a prática.

Para você, que está nesse processo de construção, o primeiro passo é definir claramente os valores e princípios que vão guiar a empresa. Esses valores devem ser autênticos e refletir a visão e a missão do negócio. Uma vez que eles estão estabelecidos, todo mundo precisa conhecê-los, dos membros da equipe aos *stakeholders* externos.

No entanto, o alinhamento entre discurso e prática vai além de comunicar os valores. É preciso vivenciá-los em todas as ações e decisões que você implementa. Isso significa que as políticas, os processos e as iniciativas internas devem estar alinhados com os valores. Por exemplo, se a empresa preza pela transparência, é importante garantir que as informações sejam compartilhadas de maneira aberta e honesta com os colaboradores e demais envolvidos.

É fundamental também que o empreendedor seja um exemplo vivo dos valores que prega. Os líderes da empresa devem incorporar esses valores em sua conduta diária, mostrando que fazem o que dizem.

Para evitar cair em descrédito, é importante ter cuidado com promessas ou declarações exageradas. É melhor ser realista e honesto sobre as capacidades e limitações do negócio do que criar expectativas irreais. Além disso, é necessário estar aberto ao feedback e ser receptivo a críticas construtivas. Isso demonstra humildade e disposição para aprender e crescer.

Por último, outro aspecto importante é manter um canal aberto de comunicação com os colaboradores e demais *stakeholders*. É essencial ouvir as opiniões, preocupações e sugestões deles e tomar ações concretas com base nesses feedbacks. Isso mostra que a empresa valoriza as perspectivas de todos e está comprometida em melhorar. Assim podemos amadurecer como líderes e empresa.

Bora fazer dar certo

Quando você pensou no seu plano de negócios e no posicionamento da empresa, já refletiu sobre a história dela. Agora, quero que você se aprofunde nisso trazendo de maneira concreta como essa história é vivenciada no dia a dia. Para isso, algumas perguntas essenciais são:

- O que torna a sua empresa única?
- Quais são as principais características e os comportamentos de um profissional que trabalha no seu negócio?
- O que não é aceitável no cotidiano do negócio? Quais comportamentos são detratores da performance?
- Quais valores são inegociáveis para o negócio? Como eles são demonstrados na prática?

Para você fazer essa reflexão, quero dividir aqui alguns dos valores da Trakto e o que eles significam para nós:

VALORES TRAKTO

Criatividade e inovação sempre!

- Somos criativos;
- Incentivamos a inovação;
- Buscamos novas soluções;
- Fazemos mais e diferente;
- Temos o melhor design;
- Pensamos grande!

Somos o que somos, somos diversos!

- Respeitamos a diversidade acima e antes de qualquer coisa;
- Não toleramos desrespeito;
- Não toleramos preconceitos;

TRAÇÃO E RESULTADO

- Acolhemos cada indivíduo como único;
- Valorizamos a diversidade!

Liberdade, igualdade e proatividade!
- Temos a liberdade de crescer para onde quisermos ou onde nos sentirmos mais confortáveis para nos desenvolver melhor;
- Somos proativos e nos antecipamos aos problemas;
- Analisamos os possíveis erros e acertos de cada atitude;
- Não esperamos por demandas;
- Buscamos criar soluções para alcançar o caminho para a excelência dos nossos resultados!

Colaboração e cooperação nos fazem crescer!
- Valorizamos o trabalho em equipe;
- Reconhecemos os esforços individuais;
- Nos ajudamos;
- Nos ouvimos;
- Nos cuidamos!

Antes de tudo, humanos!
- Nosso atendimento sempre será humanizado;
- Pensamos nos nossos clientes como pessoas;
- Compreendemos nossos erros como parte do caminho para o sucesso;
- Comemoramos os nossos acertos!

Hands on e hard work, baby!
- Não olhamos para as dificuldades;
- Estamos disponíveis para ajudar sempre;
- Trabalhamos duro para alcançar os nossos resultados;
- Alcançamos os nossos objetivos!

Você percebe como os valores mostram como a empresa funciona no dia a dia e quais são os comportamentos que esperamos de todos os membros do time? Os valores não são textos bonitos, são um acordo entre todos; refletem o modo como vamos tracionar e gerar resultado.

CULTURA NA PRÁTICA

NÃO GOSTO E NÃO USO A FRASE: VESTIR A CAMISA DA EMPRESA

Na Trakto, temos uma equipe de colaboradores que também compartilha desse espírito empreendedor. São profissionais que acreditam no nosso propósito e estão dispostos a enfrentar os desafios do mercado de frente. Juntos, construímos uma cultura de trabalho árduo, de resiliência e de paixão pelo que fazemos. Mas essa relação de parceria nada tem a ver com "vestir a camisa da empresa".

Essa expressão, tão comum no mundo dos negócios, é um verdadeiro clichê e muito mais do que uma simples frase para mim. É um compromisso, um estado de espírito, uma forma de viver e respirar o negócio. E isso é errado.

O seu funcionário precisa trabalhar por ele. Para ele. Nunca anule a identidade de alguém da sua equipe fazendo com que essa pessoa passe por situações constrangedoras de envolvimento.

Ao contrário dessa máxima, em vez de vestir a camisa, tenho uma sugestão que funciona muito bem na Trakto e com o time: "Vista a sua camisa. Melhore todos os dias por você". Isso sim é poderoso!

A Trakto é mais uma empresa pela qual as pessoas vão passar. Aqui elas têm a oportunidade de melhorar todos os dias. Pelo menos, é isso que espero. Então todos precisam estar conscientes de que vestir uma camisa não faz uma pessoa parte do time da Trakto. O que faz alguém ser um trakteiro ou trakteira de verdade é o quanto essa pessoa está disposta a se lascar para evoluir profissionalmente.

Sempre digo: *"Quanto você está disposto a ser sincero e não mentir para conquistar uma folga ou um aumento? Quer folga? Peça. E vamos dar o tempo necessário. Não pode ir hoje ao escritório? Avise que não pode, não invente desculpas. Está precisando de aumento? Fale com a gente e vamos fazer o possível. Evite fofocar com os colegas de trabalho porque quem resolve as coisas é o time de pessoas".*

Sou mais um funcionário da Trakto e hoje ocupo a cadeira de CEO, mas posso ser demitido se não performar bem. Por isso, não minto para os meus investidores e muito menos para o time. É assim que alinho expectativas e crio uma equipe poderosa. As pessoas desconfiam muito umas das outras e acabam gerando regras demais em um ambiente que depende de liberdade. E fica aquele clima horroroso de mentiras e cobranças. Tudo o que eu não quero para mim não imponho na equipe.

Desde os primeiros dias da Trakto entendi que, para ter sucesso, era preciso mais do que ter uma ideia brilhante ou um modelo de negócio f*d@. Era necessário um envolvimento profundo, uma paixão genuína pela missão da empresa e pelo impacto que queríamos causar.

Ser trakteiro significa estar totalmente comprometido com os valores, objetivos e propósito da empresa. É assumir a responsabilidade de fazer o seu melhor, de contribuir de maneira significativa para o nosso crescimento e sucesso.

Por isso, cada membro da equipe é encorajado a vestir a própria camisa e trazer o seu melhor para o trabalho todos os dias. Somos um time unido, que compartilha os mesmos ideais e está alinhado com a visão de transformar o modo como as pessoas criam e compartilham conteúdo.

Mas ser trakteiro não se limita apenas aos colaboradores da empresa. Também é um convite para os nossos clientes, parceiros e *stakeholders*. É uma forma de convidá-los a se conectar com a nossa missão, a abraçar a nossa causa e a se tornarem verdadeiros embaixadores da marca.

Uma empresa não pode exigir que alguém abra mão da sua individualidade. Cada um de nós traz habilidades únicas, perspectivas diferentes e personalidades distintas para o ambiente de trabalho. É justamente essa diversidade que enriquece o nosso time e nos permite alcançar resultados extraordinários.

CULTURA ACONTECE DESDE O INÍCIO, NÃO SÓ QUANDO O NEGÓCIO FOR GRANDE

Essa é uma lição valiosa que aprendi ao longo da minha jornada empreendedora. Muitas vezes, somos tentados a acreditar que o sucesso está diretamente relacionado ao tamanho do nosso negócio, ao alcance da nossa marca ou ao número de clientes que atendemos. Mas a verdade é que grandes conquistas muitas vezes começam de maneira modesta, com pequenos passos e uma visão clara do que queremos alcançar.

Quando começamos, mesmo com todas as limitações e dificuldades, isso não nos impediu de sonhar grande. Pelo contrário, nos motivou a sermos criativos, a encontrarmos soluções inovadoras e a aproveitarmos ao máximo os recursos que tínhamos disponíveis. Aprendemos a fazer mais com menos, a buscar parcerias estratégicas e a focar oferecer um valor excepcional aos nossos primeiros clientes.

Principalmente, desde o início, já sabíamos quais valores iriam nos guiar. Qual era a cultura que queríamos construir ao lado das pessoas que também queriam desafiar tudo e a todos para fazer os seus sonhos se tornarem realidade.

Não importa o quão pequeno você comece, o importante é ter clareza sobre o seu propósito e a sua proposta de valor. Portanto, meu amigo, não tenha vergonha de começar pequeno. Abrace essa fase inicial como uma oportunidade de aprendizado, de construção e de fortalecimento. Lembre-se de que grandes empresas também tiveram os seus humildes começos, e é justamente nesses momentos que são plantadas as sementes do sucesso.

Tenha confiança na sua visão, persista diante dos desafios e celebre cada conquista, por menor que ela possa parecer. Lembre-se de que o tamanho do seu negócio não determina o seu valor ou o seu potencial. O que realmente importa é a paixão, a determinação e a vontade de fazer acontecer.

Então não tenha medo de começar pequeno. Seja corajoso, seja resiliente e siga em frente, sabendo que cada passo que você dá é uma parte essencial da jornada rumo ao sucesso. O importante é começar, é agir, é dar vida aos seus sonhos. E lembre-se: pequeno não é sinônimo de insignificante. Pequeno é o primeiro passo em direção a grandes realizações.

PARTE 4:
DEVOLVA PARA A SOCIEDADE

UMA STARTUP É PERRENGUE O TEMPO INTEIRO E APRENDIZADO NA MESMA INTENSIDADE. SE PASSOU POR TEMPESTADES, PODE TER CERTEZA: A MATURIDADE EMOCIONAL CONQUISTADA VAI ABRIR PORTAS IMPORTANTES NO FUTURO.

CAPÍTULO 14

O EMPREENDEDORISMO QUE EU DEFENDO E O EMPREENDEDOR EM QUE EU ACREDITO

Já falei algumas vezes que acredito que uma empresa de sucesso é um projeto que vai muito além do dinheiro. E quando pensamos em uma construção que chega a altos resultados, é essa visão mais ampla que nos permite tracionar e crescer.

Como você já sabe, minha mãe era assistente social e a visão dela sobre a sociedade e como o capitalismo funciona influenciou demais a minha maneira de pensar o impacto que a Trakto e os movimentos dos quais eu faço parte poderiam causar. Ao longo do livro, trouxe alguns exemplos de empreendedores que se beneficiaram do nosso ecossistema para fazer os seus negócios crescerem, e isso tem a ver exatamente com esse olhar de "inter-relações" que, nós, empreendedores, podemos provocar. Se o conhecimento é um fator nivelador, desde o início eu pensava em como a Trakto poderia ser uma plataforma justamente para ajudar as pessoas a divulgarem as suas ideias e, assim, espalhar conhecimento. É algo que se materializa em todas as vertentes da nossa empresa.

E acredite: essa clareza gera oportunidades de negócio. Afinal, a Trakto se transformou em um ecossistema.

Ecossistema trakto.

trakto.

Trakto Design

Trakto Empresas

Bella Talks

Trakto Studio

Trakto Educação

Trakto Show

Trakto
Apresentação

Ano
2024

trakto.

Depois da pandemia de Covid-19, comecei a refletir muito sobre o mercado de educação e como a Trakto poderia, de alguma maneira, contribuir com os desafios principalmente dos jovens. Afinal, acredito que um dos papéis dos empreendedores é viabilizar caminhos de acesso e pensar como podemos fazer parte das soluções para o desenvolvimento do nosso país.

Vi quão difícil foi para os professores fazerem a transição para o digital quando estávamos em isolamento – e como foi duro fazer isso quando não se tinha a infraestrutura mais adequada. Foi a partir dessa percepção que, entre 2022 e 2023, rodamos uma pesquisa com 147 escolas municipais de Maceió (AL), com visitação em 1.188 salas de aula e quase 3 mil professores. Descobrimos que 91,4% dos educadores não se sentiam realizados profissionalmente e um dos fatores que mais impactava isso era a falta de boas condições de trabalho. Disso, veio uma ideia: e se construíssemos uma proposta de educar com inovação e criatividade?

Essa pergunta fez nascer a Trakto Educação, um conjunto de soluções criativas desenhado exclusivamente para professores e alunos com propostas adaptadas à realidade de cada escola. Mesmo com tecnologia, é o professor quem está no centro do método.

Seguimos na trilha de aprimoramento das nossas soluções, dos nossos softwares e tecnologia porque, no centro de tudo, está o empreendedor. O que entendi na prática é: *quando o seu negócio consegue gerar valor para problemas complexos da nossa sociedade, o crescimento é uma responsabilidade sua para gerar o impacto que tem o potencial de causar.* E isso é inegável!

EMPREENDER É APROXIMAR A REALIDADE ATUAL DO FUTURO DESEJADO

Empreender é se perguntar o tempo todo: o que podemos fazer hoje para nos aproximar do futuro que queremos realizar? E, cada vez mais, responder a essa pergunta de maneira integrada com a tecnologia é fundamental. Até porque é a tecnologia que nos permite ganhar escala. O que começa pequeno hoje pode se tornar algo explosivo amanhã. Pelo menos foi assim que aconteceu conosco.

Prova disso é a relação que construímos com o Google. Em 2016, nós fomos selecionados para a primeira turma do programa de residência do Google for Startups. Em 2021, recebemos investimento do Black Founders Fund, fundo de investimento para startups fundadas e/ou lideradas por pessoas negras. Em 2024, oficializamos o lançamento do Trakto.Studio, uma solução que usa a IA generativa do Google Cloud e permite a criação de uma ampla variedade de peças de maneira automática a partir da identificação de um *guideline* com atributos e elementos de marca de cada empresa que usa a ferramenta.

O objetivo é dar liberdade aos times de marketing, resolvendo a dor da escalabilidade com foco em publicidade digital para que os profissionais diminuam o tempo preso ao operacional e foquem os aspectos criativos e estratégicos das campanhas.

Fiquei muito feliz, inclusive, quando Newton Neto, diretor de parcerias do Google para a América Latina, disse em uma entrevista que a parceria é parte de um posicionamento do Google de criar aliança com parceiros estratégicos para o mercado local.[37] Essa é uma declaração muito importante porque ela reforça o que eu disse a você lá no começo do livro: podemos criar inovação a partir de onde estamos.

E o que importa para mim, nesta história, é mostrar a você que as relações que construímos no começo da jornada empreendedora, quando elas são baseadas em visões e valores compartilhados, podem ser relações evolutivas que crescem e se fortalecem conforme os resultados aparecem.

DEFINA O QUE É SUCESSO PARA VOCÊ

As minhas decisões como empreendedor se misturam à história da minha família e às situações que enfrentei – e continuo enfrentando até hoje. Durante a escrita deste livro, em muitos momentos eu me peguei refletindo bastante sobre o que era realmente sucesso para mim e o que eu estava tentando fazer por meio de todos esses negócios e projetos que desenvolvi desde o momento em que criei um blog para falar sobre *motion* design, lá em 2005: o fórum Brasil in Motion. Quanto mais eu pensava sobre isso, mais eu tinha certeza.

---

[37] ORÉFICE, G. Por que o Google firmou parceria com uma startup brasileira de IA? **Meio & Mensagem**, 4 abr. 2024. Disponível em: https://www.meioemensagem.com.br/midia/por-que-o-google-firmou-parceria-com-uma-startup-brasileirade-ia. Acesso em: abr. 2024.

UMA CULTURA FORTE E POSITIVA CRIA UM AMBIENTE DE TRABALHO SAUDÁVEL, MOTIVADOR E ENGAJADOR, NO QUAL OS FUNCIONÁRIOS SE SENTEM VALORIZADOS, RESPEITADOS E ESTIMULADOS A DAREM O SEU MELHOR.

TRAÇÃO E RESULTADO
@PAULOTRAKTO

O meu grande sonho sempre foi fazer o Nordeste e o Brasil serem reconhecidos por todo o seu potencial, com cada vez mais oportunidades. Por outro lado, o grande lance é que cada um vai ter a própria definição de sucesso. Tem uma história de que eu gosto muito e fala justamente sobre essa diferença de percepção.

Um empreendedor de São Luís, no Maranhão, era vendedor. Esse cara vendia cachorro-quente e já era famoso para caramba! Saía de casa com trezentos cachorros-quentes todos os dias e, ao começar a vender, logo se formava uma fila enorme de pessoas que queriam comprar. Quando acabava, ele pegava as coisas dele e ia para casa.

Muitos diziam: "Rapaz, por que você não aumenta a produção? Faz quinhentos, setecentos, monta uma lanchonete de cachorro-quente para ganhar mais dinheiro". E ele respondia: "Olha, isso aqui que eu ganho é suficiente para fazer o que eu amo. E o que eu amo mesmo é treinar. Sou treinador de um time de futebol infantil".

Esse empreendedor, depois de vender os trezentos cachorros-quentes durante o dia, estava treinando a molecada no fim da tarde. Aquilo era a realização dele, pessoal e profissional. Isso era sucesso para ele. Percebe qual é a lógica aqui?

Se você retomar o *planejamento de vida* que fizemos no capítulo 1, verá que ali existem muitos insights sobre o que é sucesso para cada você. Vejo que empreender nunca envolve só o empreendedor em si. Envolve muito mais as pessoas que estão ao redor desse empreendedor. A família que queremos ajudar. O lugar que queremos transformar. As pessoas que queremos inspirar a também acreditar que é possível mudar o jogo.

Uma das minhas metas é estar ao lado da Priscilla, a minha esposa. A Pri está no centro das minhas decisões diárias. A pessoa com quem você divide a sua vida vai empreender com você. E não pense que ela não vai sofrer quando der algo errado na empresa. Ela vai acompanhar a sua jornada. Lembre-se dela.

O assédio do sucesso é intenso e você vai ficar tentado a esquecer das pessoas no caminho. No meu caso, tenho muito orgulho de ter o meu casamento no meu planejamento. Foi a partir disso que vieram nossos filhos, o amor da casa que me renova diariamente.

Investimento não é só dinheiro, casa ou imóveis. É preciso investir na sua companheira ou no seu companheiro, na sua escolha para dividir a vida. Digo isso do fundo do coração: só existe uma família por causa de sua parceira ou seu parceiro. Muitos pregam sobre família, mas o centro de uma família é o casal. Se cuide, cuide do outro, cuide da relação. O resto se encaixa.

O cuidado com sua companheira ou seu companheiro se reflete na forma como você trata os seus filhos. Eles, na essência, são extensões da nossa alma. Por isso, cuidar da família é um ato de autocuidado. Não deixe para escolher o momento certo da sua empresa para ter filhos. Filhos fazem você faturar mais, por bem ou por boletos de escola. Mas deixo aqui uma dica no planejamento: boletos começam a chegar a partir dos 2 anos. Dá tempo de validar hipóteses e você descobre que não tem tempo a perder. Caso escolha ou não possa ter filhos, lembre-se de que a família começa e termina com a sua companheira ou o seu companheiro.

Família também é quem permitiu que você chegasse até aqui. Você se lembra de que tudo o que comecei foi para *não gerar boleto para os meus pais* e *ganhar dinheiro de qualidade para ajudá-los*? Lembra-se também de que vi a minha mãe chorando diante de todos os outros moradores do prédio em que cresci porque não tínhamos dinheiro para pagar o condomínio? O apartamento era financiado e foram anos lutando e renegociando as dívidas. Até que, no dia 12 de novembro de 2018, quatro anos depois de escrever o meu planejamento de vida, eu pude entregar a escritura do apartamento com o nome da minha mãe. O apartamento era dela – e ela nunca mais precisaria passar por aquilo.

Sua família empreende com você. Lembre-se dela todos os dias.

Gente que disse vamo que vamo

Acredito que uma das realizações mais incríveis ao empreender é ver como podemos construir ecossistemas que ampliam o impacto que geramos, justamente porque o desejo de fazer negócios que contribuem de fato para a economia local pode ser contagiante.

Exemplo disso é o Alan Rodrigues. Em 2023, ele participou do Trakto Show buscando novos horizontes e oportunidades para crescimento. Ele conta que, depois de ver tantas palestras impactantes e cases de sucesso inspiradores, resolveu perseguir o seu sonho: realizar um evento semelhante em sua cidade natal no interior sergipano.

Nós tivemos a oportunidade de conversar e compartilhar aprendizados, então imagine a minha alegria ao ver nascer o Experience Lagarto, o maior evento de empreendedorismo e marketing do interior de Sergipe, que aconteceu em novembro de 2023 com quatrocentas pessoas e o apoio de mais de cinquenta empresas locais.

Os cases que dividi com você ao longo do livro são exemplos do que eu acredito ser essencial para um empreendedor alcançar o sucesso e se manter firme apesar de todos os problemas e desafios, mas aqui está o resumo para que você guarde bem isso: o nosso objetivo está conectado com a nossa *vontade genuína de contribuir e fazer a diferença*.

MARINHEIRO SE FORMA EM MAR REVOLTO

Ser CEO nos últimos anos me ensinou muito sobre pessoas, processos, produtos e a necessidade de uma visão de longo prazo. No entanto, o que mais aprendi nesses anos é que nenhum acerto compensa um erro, e nenhum erro pode ser justificado por acertos.

A vida de um CEO de startup é de muita pressão, dedicação e trabalho, além da certeza de que você é o capitão de um barco que pode estar navegando em águas tranquilas ou passando por uma tempestade. Mas digo uma coisa a você: marinheiro bom já limpou muito convés e já enfrentou muitas tempestades.

A dificuldade faz o homem, já dizia o ditado. Passei e ainda passo muito perrengue com a Trakto, porém, cada problema que parecia impossível de resolver me deixou mais preparado para o próximo momento do negócio.

Tudo de ruim que passei na minha carreira antes da Trakto me ensinou algo valioso que aplico hoje. E em todos os momentos da minha carreira, nunca tive um plano B. Era sempre tudo ou nada.

As pessoas mais talentosas que passaram pela Trakto, sem exceção, viviam situações muito complicadas nas suas vidas pessoais. Se agarram às chances que têm e fazem de tudo para dar certo. São humildes na entrada e na saída. Fazem dos problemas chances de crescimento.

Assim, o que eu espero, como empreendedor e líder, é que você se inspire nisso. Porque é no furacão que provamos o nosso valor, quando tínhamos todos os motivos para pular fora do barco, mas decidimos continuar.

MENSAGEM FINAL

VAMO QUE VAMO

Três meses depois que meu pai faleceu, a minha irmã mais velha, Ana Paula, foi diagnosticada com câncer de mama agressivo e sem cura. Enfrentamos juntos essa batalha, a família toda, e ali eu realmente quis desistir. Nós tínhamos acabado de lançar o protótipo do aplicativo, estávamos no início de tudo, e eu pensava que seria mais fácil se mudasse de rota. Então ela me disse: "Nada do que você fizer aqui vai alterar o que está acontecendo. Continue seguindo e faça isso por mim".

Se estou aqui e se você está lendo esta página, meu amigo e minha amiga, é por causa dela. A evolução do câncer foi muito rápida e, em menos de três anos do diagnóstico, a minha irmã partiu.

A experiência com o meu pai e, depois, com a minha irmã, me ensinaram que seja qual for a decisão que você tome para a sua vida, coloque o seu coração no que estiver realizando. Coloque toda a sua energia para tornar realidade as coisas que você realmente deseja fazer. Se não for assim, não vai valer a pena – e você pode se arrepender lá na frente.

Eu me transformei em um profissional muito melhor. E entendi a dimensão das minhas responsabilidades, especialmente quando a Priscilla aceitou se casar comigo e resolvemos formar a nossa família. O Benjamin e a Bella, os nossos filhos, fizeram com que eu entendesse que cada ação que eu tomava fazia parte também da construção do homem, marido e pai que eu queria ser.

Desse modo, a minha sugestão para você é que guarde o ego embaixo do sapato, mas dê ouvido à sua intuição. Porque o ego pode ser influenciado por medo, orgulho e vaidade, mas a voz da intuição surge de um lugar mais profundo de conhecimento interno.

Quero terminar este livro, portanto, com um vigor redobrado para promover transformações sociais que estejam ao meu alcance. Repensei a minha atuação como empresário para ir além das planilhas: este é o meu foco agora e este livro foi um dos passos em direção a esse propósito.

Se e quando você decidir empreender, criar o seu novo negócio e fazer dele um sucesso, lembre-se da seguinte dica: *você vai precisar transformar não só a você mesmo, mas todo o seu entorno!*

E para nos despedirmos, quero deixar cinco últimos conselhos:

1. Quando você estiver em um círculo seleto, não deixe nem a soberba nem a síndrome de impostor invadirem você. Mostre a que veio e olhe para frente. *Nunca* abaixe a cabeça para alguém que tem mais dinheiro, seguidor ou experiência que você. *Nunca* deixe que coloquem um teto no seu potencial. *Nunca* deixe que apaguem o seu brilho e o brilho do que você acredita;

2. Valorize a sua história. Pouca gente sabe o que você passou para chegar até onde está. Se alguém precisa valorizar essa jornada, é você. Faça dela a sua inspiração. Respeite-a. Respeite o espelho;

3. Reconheça as pessoas ao seu lado: elas também têm sonhos e razões para estarem no front com você. Reconheça que ali há uma história que, em algum ponto, se encontra com a sua;

4. Firme os seus pés. Você pode até estar cansado de carregar a sua bagagem por tantos lugares, de repetir o pitch tantas vezes, mas retome o fôlego, recomponha-se e não perca uma só oportunidade de alargar os seus horizontes;

5. Viaje. Veja o mundo. Conviva com o diferente. Esvazie o seu copo de certezas. Você não tem ideia de como o mundo é complexo, plural e encantador. Lembre-se: estamos de passagem. Quem era o empresário mais famoso ou importante da sua cidade há cinquenta anos? Pois é, você não deve saber. O tempo vai apagar tudo o que é material na Terra. Você vai envelhecer. Com sorte, virar um simpático senhorzinho ou uma incrível vovó com saudades do que viveu, alguém feliz carregando memórias sem amarguras e com uma família ao seu lado.

Enquanto estiver por aqui, lute, busque, sonhe, construa e tente. Faça de tudo para deixar um lugar melhor para a próxima geração de sonhadores. A melhor herança que você pode deixar é o seu *exemplo*.

Lembre-se de que empresa sempre envolve lucro.

A sua jornada na Terra, não.

Forte abraço, vai dar certo!

E vamo que vamo.

Paulo Tenorio

Este livro foi impresso pela Gráfica Assahi em
papel lux cream 70 g/m² em junho de 2024.